Balthasar Neumann

kleine bayerische biografien

herausgegeben von
Thomas Götz

ERICH SCHNEIDER

Balthasar Neumann

Schlussakkord der Barockarchitektur

Verlag Friedrich Pustet
Regensburg

Biografien machen Vergangenheit lebendig: Keine andere literarische Gattung verbindet so anschaulich den Menschen mit seiner Zeit, das Besondere mit dem Allgemeinen, das Bedingte mit dem Bedingenden. So ist Lesen Lernen und Vergnügen zugleich.

Dafür sind gut 100 Seiten genug – also ein Wochenende, eine längere Bahnfahrt, zwei Nachmittage im Café. Wobei *klein* nicht leichtgewichtig heißt: Die Autoren sind Fachleute, die wissenschaftlich Fundiertes auch für den verständlich machen, der zwar allgemein interessiert, aber nicht speziell vorgebildet ist.

Bayern ist von nahezu einzigartiger Vielfalt: Seine großen Geschichtslandschaften Altbayern, Franken und Schwaben eignen unverwechselbares Profil und historische Tiefenschärfe. Sie prägten ihre Menschen – und wurden geprägt durch die Männer und Frauen, um die es hier geht: Herrscher und Gelehrte, Politiker und Künstler, Geistliche und Unternehmer – und andere mehr.

Das wollen die KLEINEN BAYERISCHEN BIOGRAFIEN: Bekannte Personen neu beleuchten, die unbekannten (wieder) entdecken – und alle zur Diskussion um eine zeitgemäße regionale Identität im Jahrhundert fortschreitender Globalisierung stellen. Eine Aufgabe mit Zukunft.

DR. THOMAS GÖTZ, Herausgeber der Buchreihe, geboren 1965, studierte Geschichte, Germanistik und Philosophie. Er lehrt Neuere und Neueste Geschichte an der Universität Regensburg und legte mehrere Veröffentlichungen, vor allem zu Stadt und Bürgertum in Bayern und Tirol im 18., 19. und 20. Jahrhundert, vor. Darüber hinaus arbeitet er im Museums- und Ausstellungsbereich.

Inhalt

Einleitung

Als der Barockbaumeister Balthasar Neumann am 19. August 1753 im Alter von 66 Jahren in Würzburg starb, stand er im Zenit seines Schaffens. In der Wallfahrtskirche Vierzehnheiligen waren Chor und Querhaus vollendet; in Neresheim hatte er die Kirche der bedeutenden Benediktinerabtei begonnen, und die Würzburger Residenz als sein Hauptwerk in der Profanbaukunst fand in jenen Tagen mit den Fresken des Giambattista Tiepolo in Treppenhaus und Kaisersaal ihre kongeniale Vollendung. Dort hat der Maler aus Venedig Balthasar Neumann im Europa-Fresko ein einzigartiges Denkmal gesetzt. Nicht alleine in den von Fürstbischöfen aus dem Hause Schönborn an Main und Rhein regierten Ländern war der Rat des Baumeisters gesucht gewesen, sondern in vielen anderen weltlichen und geistlichen Herrschaften. Sogar der Kaiser hatte ihn mit Entwürfen für eine neue Hofburg in der Hauptstadt Wien beauftragt. Angesichts seines schon zu Lebzeiten weit über die engeren Grenzen von Main und Rhein ausstrahlenden Schaffens hat man das Œuvre Balthasar Neumanns deshalb als den »Schlussakkord der Barockarchitektur« bezeichnet, gelegentlich findet sich sogar der Elativ »Weltarchitektur«. Vor allem eingedenk seiner Raumbildungen gerade im Kirchenbau lässt die Charakterisierung als »Bach der Architektur« aufhorchen. Trotz der enormen Anzahl seiner Architekturen als Ergebnis eines kaum noch nachvollziehbaren Fleißes ist aber nicht die Menge des Gebauten das Bemerkenswerte, sondern Neumanns Leistung als raumschöpfender Architekt: Abgesehen von der Residenz in Würzburg hätten Vierzehnheiligen oder Neresheim und nicht zuletzt auch die späte Wallfahrtskirche Maria Limbach genügt, um Neumann ohne Zweifel einen Spitzenplatz unter den ganz großen Architekten in der Geschichte der Kunst zu sichern.

Ungeachtet seiner künstlerischen Leistung als Architekt, war Neumann aber zugleich ein genialer Organisator seines Bauwesens. Obgleich schon schwer erkrankt, lief bis in seine letzten Lebenswochen im Sommer 1753 ohne sein ausdrückliches »Parere« (Genehmigung) nichts auf den hochstiftischen Baustellen in Bamberg oder Würzburg oder auch am Rhein. Der allgewaltige Baumeister sorgte sich stets zuverlässig um große wie um kleine Aufgaben: Noch am 5. Juli 1753 musste die Hofkammer hinsichtlich der Abrechnungen des neuen Viehstalls im Schlossgarten von Werneck zu Protokoll nehmen, dass »Hr. Obrister sich erkläret, daß, sobald er wieder gesundt undt völlig restituiret, solch richtig zu machen, und zu veranlassen nicht ohnermanglen werdte«.

Wenn wir daher den Versuch unternehmen wollen, in einem Lebensbild die wichtigsten Stationen Balthasar Neumanns vom Stückgießergesellen zum »Baudirigierungsgott« skizzieren zu wollen, wird der gesteckte Rahmen nicht alle Bauwerke aus dem reichen Schaffen dieses Baumeisters erfassen und nicht alle Details seiner Vita nachzeichnen können. Der Artillerieoffizier und Feuerwerker Neumann wird eher am Rande angesprochen werden, und über den Ingenieur und Erbauer von Brücken, Straßen und Wasserleitungen könnte und müsste man wesentlich ausführlicher erzählen. Andererseits will dieser Text doch mehr bieten als eine bloße Schilderung des Lebenslaufs Neumanns und eine Aufzählung seiner Werke. Am Beispiel von ausgewählten Arbeiten sollen deshalb die Grundzüge seiner Architektur und seiner Art zu Bauen vorgestellt werden. In nach Aufgaben und Themen gegliederten Kapiteln werden charakteristische Bauten in knappen Zügen skizziert. Über die Summe seines immensen Schaffens gibt eine alphabetische Liste (s. S. 155) Auskunft, die aber ebenfalls nur unvollständig sein kann: Nicht jedes Bauwerk, dessen Pläne auf seinem Zeichentisch lagen, ist schon ein Werk Balthasar Neumanns, mag er ihm auch durch seine Korrekturen seinen Stempel aufgeprägt haben. Umgekehrt hat nicht jeder Eingriff eines Lucas von Hildebrandt oder eines Maximilian von Welsch, um nur zwei zu nennen, Neumanns Grundidee entscheidend verändert. Manchmal wurde er dadurch sogar angespornt, wie im Falle der Eingriffe von Gottfried Heinrich Krohne in seine Planung zu Vierzehnheiligen. Hier wird in Zukunft noch manches zur Differenzierung geleistet werden müssen. In der vorliegenden Biografie werden deshalb an geeigneten Beispielen dazu Strukturen seines Schaffens herausgearbeitet, das von einzigartiger Vielfalt ist. Vielleicht war Balthasar Neumann einer der letzten Generalisten in der europäischen Baukunst.

Obwohl der vorliegende Text auf eine reiche Literatur zu Leben und Werk Balthasar Neumanns zurückgreifen kann, hätte er doch ohne den freundlich gewährten Rat und die Unterstützung vieler Kolleginnen und Kollegen, genannten und ungenannten, nicht geschrieben werden können. Insbesondere aber danke ich einmal mehr Frau Sigrid Strauß-Morawitzky, Stegaurach, die für mich erneut bis in die Tiefen von Satzbau und Wortwahl hinabgestiegen ist. Mit Herrn Dr. Hans-Peter Trenschel, Würzburg, gewährte mir einer der besten Kenner fränkischer Barockkunst seinen Rat. In kniffligen Detailfragen ließen mich die Herren Dr. Christian Naser, Zell, und Stadtrat Willi Dürrnagel, Würzburg, stets an ihrem Wissen teilhaben. Aus der Vogelperspektive hat schließlich Herr Dr. Burkard von Roda, Basel, den Text vor dem Hintergrund seiner wissenschaftlichen Expertise kritisch gelesen. Das alles floss im achtsamen Lektorat von Frau Andrea Schindelmeier und in der Bildredaktion von Frau Magdalena Seis vom Verlag zusammen. Schließlich gilt mein großer Dank dem Verleger Fritz Pustet für die erneute gute Zusammenarbeit und all seinen Mitarbeiterinnen und Mitarbeitern im Verlag Friedrich Pustet für die ausgezeichnete sonstige Betreuung.

1 Biografie

VON EGER NACH WÜRZBURG

Am 30. Januar 1687 wurde Balthasar Neumann in der Reichsstadt Eger in Böhmen (heute: Cheb in Tschechien) als Sohn des Tuchmachers Hans Christoph Neumann und seiner Frau Rosina in eher einfache handwerkliche Lebensverhältnisse hineingeboren. Pate war der Glockengießer Balthasar Platzer, in dessen Werkstatt er im Jahr 1700 als Lehrling eintrat. Damit schienen sein Lebensweg und sein Wirkungsraum als Handwerker in Eger vorgezeichnet. Bereits in jungen Jahren zeigte sich jedoch, dass Balthasar Neumanns Interesse über das Gießen von Geschützen und Glocken hinausreichte. 1709 wird er in den Rechnungen der Stadt bei der Reparatur von Wasseranlagen genannt. Trotzdem gilt für die frühen Jahre in Eger, wie auch für die erste Würzburger Zeit, dass das Lebensbild des jungen Balthasar Neumann trotz allen Forscherfleißes noch erstaunlich viele Lücken aufweist.

Mit einem Gesellenbrief der »Büchsenmeister-, Ernst und Lustfeuerwerkerey« in der Tasche trat Neumann 1711 mit 24 Jahren – nach damaligen Handwerksgebräuchen war das relativ spät – seine zunftmäßig vorgeschriebene Wanderschaft an. In diesem Alter kehrten andere normalerweise in die Heimat zurück, um den Meisterbrief in ihrem Beruf zu erlangen. Ab Juni des gleichen Jahres arbeitete er in der Gießhütte des Meisters Ignaz Kopp am Schottenanger in Würzburg. In dieser Bischofsstadt am Main sollte sich binnen weniger Jahre der bisher ruhige, wenn man so will, vorgezeichnete Lauf seines Lebens verändern. Wir wissen nicht, was oder wer der Auslöser dafür war.

Rasch gelang es Neumann, seinen handwerklichen Horizont zu erweitern. Gefördert durch mehrere Stipendien seiner Vaterstadt Eger, soll er ab 1712 Unterricht in Büchsen- und Brunnenmacherei, Feuerwerkerei, Feldmesserei sowie in der Architektur bei dem Ingenieurhauptmann Andreas Müller (1667–1720) in Würzburg genommen haben. Als »Praktikant« dürfte Neumann damals am großen Feuerwerk anlässlich des

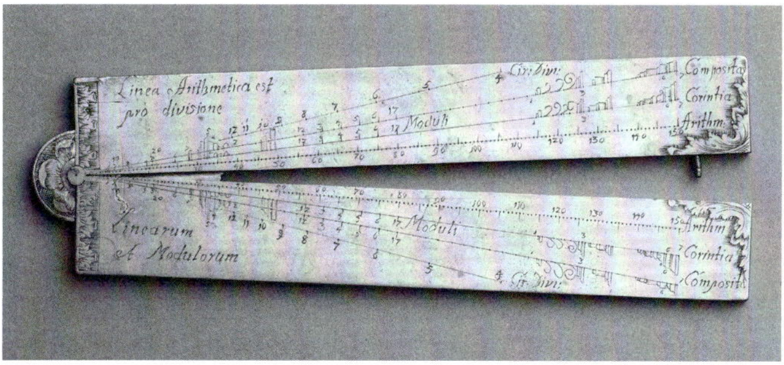

Von Balthasar Neumann gefertigtes »Instrumentum Architecturae«, 1713.

Besuchs von Kaiser Karl VI. (reg. 1711–1740) in der Bischofsstadt mitgeholfen haben. Ein frühes sicheres Zeugnis seiner intensiven Auseinandersetzung mit der Architektur ist ein im Museum für Franken in Würzburg erhaltenes und 1713 datiertes »Instrumentum Architecturae« zur Berechnung der Proportionen der Säulenordnungen. Ein zweiter derartiger Proportionalzirkel, den er seiner Vaterstadt verkaufte, gilt als verschollen.

FÄHNRICH, INGENIEUROFFIZIER, BAUMEISTER

1713 verstarb in Eger sein Vater Hans Christoph Neumann. Das Jahr 1714 markiert dann den endgültigen Wendepunkt in Neumanns Leben. Mit dem Eintritt als Fähnrich in die hochfürstlich-würzburgische Schloss-Leibkompanie wurde aus dem ambitionierten Handwerksgesellen ein Soldat mit Neigung zu Fragen der Architektur, ohne dass wir viele Details über seine Lebensumstände hätten. Rasch wurde er von Fürstbischof Johann Philipp von Greiffenclau (reg. 1699–1719) zum Ingenieurleutnant befördert. Fortan soll er insbesondere als Adjutant seines Lehrmeisters Müller gedient haben. Ferner dürfte er Joseph Greissing, den im Hochstift Würzburg führenden Baumeister, bei dessen Baustellenbesuchen auf dem Lande begleitet haben.

Über die ersten Arbeiten des angehenden Ingenieurbaumeisters Balthasar Neumann sind wir nur in groben Zügen informiert: Bereits 1713 beriet er von Würzburg aus die Stadt Eger bei deren Plan, einen Sauerbrunnen in die Stadt zu leiten. Im Jahr 1715 zeichnete er einen nur in Kopie von 1775 erhaltenen Grundrissplan der Stadt Würzburg. Darin darf man erste Ansätze für sein späteres städteplanerisches Wirken in der Domstadt sehen. Im selben Jahr war er bei der Anlage eines Brunnenwerkes in Schloss Gaibach für Kurfürst Lothar Franz von Schönborn tätig. Im Jahr 1716 wirkte er bei der Verlegung des Flüsschens Ebrach im gleichnamigen Zisterzienserkloster im Steigerwald mit. Da er die relativ große Summe von 100 Gulden für »verschiedene Abriss über den neuen Abteybau zu Ebrach« ausbezahlt erhielt, hat er damals vielleicht sogar Entwürfe für den Klosterbau gezeichnet. 1716 erstellte er als Ingenieur ein Gutachten zum Mainloch in Kitzingen.

1717 hielt sich Neumann vermutlich im Feldlager des Prinzen Eugen vor Belgrad auf; an den Kämpfen selbst dürfte er nicht beteiligt gewesen sein. 1718 gehörte er kurz zum Stab des kaiserlichen Generalgouverneurs von Mailand, Fürst Löwenstein. Ob er dabei mehr als nur einen touristischen Eindruck von den Sehenswürdigkeiten dieser Stadt sowie Oberitaliens, vor allem von den Kirchen eines Guarino Guarini (1624–1683) im nahen Turin mitnehmen konnte, muss dahingestellt bleiben. Tatsächlich blieben Guarinis Architekturen nicht ohne Einfluss auf Neumann. Bald nach seiner Rückkehr wurde er am 19. August 1718 zum hochfürstlich-würzburgischen Ingenieurhauptmann befördert. Seine Erfahrungen bei Belgrad und Mailand waren ihm gewiss bei den Arbeiten an der Befestigung der Stadt Würzburg nützlich. Sein praktisches Interesse an solchen Aufgaben wird unter anderem in einer 1720 von ihm skizzierten Überführung eines Mühlbaches durch den Wallgraben dokumentiert.

Spätestens damals dürfte er sein künftiges Leben als Ingenieuroffizier und Baumeister endgültig in Würzburg gesehen haben. Äußeres Zeichen dafür ist, dass er 1719 in der Burkarderstraße im Schatten der Festung drei Reihenhäuser gebaut hat, darunter die Nr. 28 für sich selbst. Für den Bau dieses

Hauses erhielt er sogar einen Kredit von der Hofkammer. Leider sind diese frühen Werke ein Opfer des Zweiten Weltkriegs geworden. Bereits 1723 folgte der Bau eines großen Wohnhauses in der Kapuzinerstraße 2. Gerade dieses Haus wäre ohne das Zuraten und die Unterstützung des Fürstbischofs nicht entstanden. Die rasche Folge der beiden Privathäuser macht jedoch noch immer etwas ratlos: Mochte das schlichte Haus in der Burkarderstraße angesichts der aufstrebenden Karriere Neumanns im Nachhinein als zu einfach erscheinen, so dürfte das Palais beim Kapuzinerkloster selbst für den nachmaligen Obristen und berühmten Architekten zu groß gedacht gewesen sein: Oder wollte er sich ein weiteres berufliches Standbein als Unternehmer aufbauen? In der Tat verkaufte Neumann dieses Anwesen, in dem heute eine Klinik ihr Domizil hat, 1725 im Tausch gegen den Hof Oberfrankfurt in der Franziskanergasse 2 an Franz Ludwig von Hutten, einen Bruder des damaligen Fürstbischofs. Wie es aussieht, hat er mit dem Tausch und dem nicht minder großen Haus kein schlechtes Geschäft gemacht. 1743 konnte Neumann schließlich noch den benachbarten Hof Niederfrankfurt erwerben. Auf das Dach des Hofes Oberfrankfurt setzte er ein kleines Belvedere, um gemäß der Überlieferung von dort den Fortgang der Arbeit an der Residenz zu überwachen. Er wollte der Entstehung dieses Schlosses so nahe sein wie sein erster Bauherr Johann Philipp Franz von Schönborn (reg. 1719–1724), der sich vis-à-vis der Baustelle im eigens angemieteten Hof Rosenbach ein Stadtpalais Aug in Aug mit dem Neubau der Residenz geschaffen hatte. Neumanns Haus hat der Zweite Weltkrieg zwar zerstört, aber der Ausguck ist rekonstruiert worden.

PLANUNG DER WÜRZBURGER RESIDENZ

Im Jahr 1719 war Johann Philipp Franz von Schönborn zum Fürstbischof von Würzburg gewählt worden. Die Domherren hatten bereits vor seiner Wahl befürchtet, dass diesem keine Equipage und kein Möbel mehr gut genug sei, wenn er zum Regieren komme. In der Tat beauftragte er sofort Balthasar Neumann mit der Ausarbeitung von Plänen für eine neue

Berufung in die Würzburger Stadtbaukommission
In das Jahr 1722 fällt Neumanns Berufung in die von Fürstbischof Johann Philipp Franz von Schönborn eingerichtete Würzburger Stadtbaukommission. Mit dem groß angelegten Neubau der Residenz und mit der Erweiterung der barocken Stadtbefestigung sollte Würzburg selbst eine neue, »moderne« Gestalt bekommen. Allen privaten Hausbesitzern wurden Regeln auferlegt, wie sie ihre Häuser künftig umgestalten mussten, und ihnen dafür erhebliche steuerliche Anreize geboten. Fortan sollte kein Haus mehr gebaut oder verändert werden, dessen Pläne nicht der Stadtbaukommission vorgelegen hatten. Gemeinsam mit dem Geheimen Rat Ganzhorn als Präsident, Kammerrat Fries, Oberbürgermeister Schmitt und Stadtbaumeister Papius verfügte der Baumeister Neumann über ein wirkungsvolles Instrument der Neugestaltung des Würzburger Stadtbildes.

Residenz in der Stadt. Mit ihm wurde Johann Dientzenhofer, der Erbauer des Domes in Fulda und der Klosterkirche in Banz, als Bauleiter verpflichtet. Damit war Neumann die größte Bauaufgabe zugefallen, die seinerzeit in Europa zu vergeben war. Dennoch war der Baumeister 1719 nach den Worten von Max H. v. Freeden »zwar ein fertiger Architekt [...] aber noch kein fertiger Künstler«. Gleichwohl reifte sein Talent an dieser Residenz im Laufe der folgenden rund 25 Jahre.

STUDIENREISE NACH PARIS

Bereits Lothar Franz von Schönborn (reg. 1693–1729), der mächtige Kurfürst und Erzbischof von Mainz sowie Fürstbischof von Bamberg hatte Neumanns Talent erkannt und geraten, ihn für einige Zeit auf Reisen zu schicken, um seinen Blick an den Hauptleistungen europäischer Architektur zu schärfen. Nachdem sie bereits für Anfang 1721 geplant war, damals aber verschoben werden musste, konnte Neumann endlich 1723 für einige Monate auf eine Studienreise nach

Paris gehen, das damals von Versailles ausgehend die Maßstäbe im fürstlichen Bauen setzte. Über diese Reise sind wir durch seine Briefe an Fürstbischof Johann Philipp Franz von Schönborn gut informiert.

Frankreich beziehungsweise Paris als Ziel der Studienreise eines Architekten mag uns heute völlig plausibel erscheinen. Aber zwischen Frankreich und dem Reich kriselte es damals ständig, und der Ausbruch von kriegerischen Ereignissen stand durchaus auf der Tagesordnung. Nicht zuletzt deshalb trieb Johann Philipp Franz parallel zur Residenz den Bau der Fortifikationen seiner Hauptstadt Würzburg und der Festung Königshofen energisch voran. Zehn Jahre später war der Fränkische Reichskreis wegen des Polnischen Erbfolgekrieges (1733–1736) zwischen Frankreich und Österreich mit zwei Regimentern auf Seiten des Kaisers direkt am Kriegsgeschehen beteiligt. Dessen ungeachtet galt aber auch: Wer in den 1720er Jahren in Europa baute, musste sich an der Kunst Frankreichs orientieren.

Gemeinsam mit dem Würzburger Kapellmeister Fortunat Keller, der sich an der »so sehr gerühmten churpfälzischen Music« schulen sollte, machte sich Neumann im Januar 1723 auf den Weg. Erstes Ziel war Mannheim, wo er das im Bau befindliche Schloss genau in Augenschein nahm. Nebenbei interessierte er sich noch für Fenster und besondere Schließanlagen. Über Philippsburg, wo er Kardinal Damian Hugo von Schönborn aufsuchte, um ihm die Pläne für die Würzburger Residenz zu zeigen, und sein Reisegeld deponierte, ging es nach Bruchsal und via Köln nach Straßburg. Da er zu Pferd schneller war als mit der Kutsche, ritt Neumann von dort über Zabern, Luneville nach Nancy und Paris, wo er im Hotel des ambassadeurs in der rue de Tournon Nr. 10 logierte.

Zunächst sah er sich in Paris etwas um und besichtigte Anfang Februar 1723 Versailles, wo er »Ihro Majestät den König speißend gesehen« hat. Ausgiebig besah er dort die »Haubt vndt schöne stigen« und studierte anschließend in Marly eine Wassermaschine. Daneben suchte er diverse Herrschaften, wie den Marquis de Livry, auf, um ihnen die aufgetragenen

»Complimente« seines fürstbischöflichen Dienstherrn zu überbringen. In erster Linie aber wollte er Kardinal von Rohan treffen, der ihn mit dem Architekten des Königs Robert de Cotte (1656–1735) bekannt machte, dem er die Pläne zur Würzburger Residenz vorstellte. Mit Hilfe von dessen als Dolmetscher fungierendem Kammerdiener, haben Vater Robert und Sohn Jules Robert de Cotte (1683–1767) sich die Risse genau besehen und bemerkt, »daß es viel auf die Italienisch Manier vndt etwaß teutsches dabey wehre«. Außerdem boten sie an, ihre Gedanken in einen extra Grundriss einzuzeichnen, den Neumann noch in derselben Nacht kopierte. In der Tat beschäftigte sich de Cotte während der Pariser Reise sehr intensiv mit den Rissen zur Würzburger Residenz. In ähnlicher Weise suchte Neumann Kontakt zu Germain Boffrand (1667–1754), dem zweiten Hauptmeister der Architektur in Frankreich. Neumann musste sich dabei sehr in Acht nehmen, dass keiner von den Stararchitekten vom Engagement des anderen Wind bekam, da sich die beiden nicht besonders gut verstanden haben sollen.

Immer wieder teilt Neumann seine Beobachtungen zum französischen »goût« mit, in dem die »Apartmenter vndt cabineter ohne confusion eingericht sein«. Er erwarb in Paris außerdem drei Staatskutschen nebst Geschirren für Würzburg. Ferner kaufte er allerlei Musterstücke französischer Kunsthandwerker für die künftige Ausstattung der Residenz. Kurz vor seiner eigenen Rückreise schickte er die Staatskutschen, vollgepackt mit allem, was er sonst noch im Auftrag des Fürstbischofs erstanden hatte, auf den Weg nach Würzburg. Transportbegleiter waren der Tapezierer Klimpert und ein junger Vergolder; es dürfte wohl das einzige Mal in ihrem Leben gewesen sein, dass sie mit solchen Staatskarossen reisten. Schließlich unternahm Neumann noch eine Stippvisite nach Chantilly und Fontainebleau sowie anderen französischen Landsitzen. Ausgestattet mit zahlreichen Architekturzeichnungen von Robert de Cotte und Germain Boffrand – mit Letzterem scheint er sogar in nähere Bekanntschaft gekommen zu sein –, schrieb er am 14. April 1723 ein letztes Mal aus Paris, wobei er hoffte, am 5. Mai wieder daheim zu sein.

MAJOR, EHEMANN UND VATER

Zurück in Würzburg wurde Neumann am 6. Dezember 1724 von Fürstbischof Christoph Franz von Hutten (reg. 1724–1729), der dem am 18. August 1724 unerwartet verstorbenen Johann Philipp Franz von Schönborn nachgefolgt war, zum Artillerie- und Ingenieurmajor befördert. Offenbar hatte Neumann diesen Karrieresprung aktiv betrieben. Wohl noch aus der Zeit Schönborns ist nämlich ein undatiertes Gesuch des Baumeisters um eine Stelle als Kammerrat in fürstbischöflichen Diensten überliefert, dem nicht entsprochen wurde. Es hat den Anschein, als wollte Neumann damit seine militärische Karriere um einen zivilen Aspekt erweitern und so absichern. Als einen Grund für sein Gesuch gibt der damalige Hauptmann an, dass er nur in dieser Position sein »glückh mit einer mariage« wohl nicht machen könne.

Mit der Beförderung zum Major sah sich der 38-jährige Neumann endlich im Stand, eine eigene Familie zu gründen. Am 25. Juni 1725 heiratete er Eva Maria Engelberta, die Tochter des Geheimen Hofrates Dr. Franz Ignaz Schild und dessen Ehefrau Maria Rosina, geb. Reibelt. Diese Heirat bedeutete für den Offizier und Baumeister so etwas wie eine Standeserhöhung. Der einstige Handwerksgeselle kam in engste verwandtschaftliche Beziehungen zu den alten Würzburger Rats- und Beamtenfamilien. Voller Stolz lud er unter anderem den Rat seiner Vaterstadt Eger zur Hochzeitsfeier nach Würzburg in sein eben vollendetes Palais in der Kapuzinergasse. Die Stadtväter dort entschuldigten ihr Fernbleiben wegen der großen Entfernung, schickten aber ein Geldgeschenk. Ein Präsent ließ außerdem Graf Rudolf Franz Erwein von Schönborn aus Wiesentheid überbringen. Sogar der Fürstbischof wies die Hofkammer an, Neumann 500 rheinische Taler anlässlich seiner Hochzeit auszuzahlen. Dieser Betrag solle jedoch »alsdan quartaliter mit 50 rthlr an dessen Bestallung decoutirt werden«. Das bedeutete nichts anderes, als dass es sich bei der »Gratifikation« um eine Art langfristigen Kredit handelte, den Neumann wieder zurückzahlen musste.

Die junge Ehe stand anfangs unter keinem guten Stern. Sie war am Ende zwar mit acht Kindern gesegnet, aber die zwei Erstgeborenen Franz Ignaz Christian (1726–1727) und Maria Apollonia (*1726) starben als Säuglinge oder direkt nach der Geburt. Erst mit der am 6. November 1727 geborenen Tochter Maria Apollonia Franzisca Elisabetha zog Kinderglück in den Hof Oberfrankfurt in der Würzburger Franziskanergasse 2 ein. Alleine von dieser Tochter gab es ein Porträtgemälde von Nikolaus Treu im Mainfränkischen Museum Würzburg. Leider wurde es ein Opfer der Bomben des 16. März 1945 und ist deshalb nur durch ein Foto im Archiv Gundermann überliefert. Es folgten 1729 und 1731 zwei weitere Töchter Maria Margaretha Josepha und Anna Maria Raymunda. 1733 wurde der Sohn Franz Ignaz Michael († 1785) geboren, der ab 1750 seinem Vater bei dessen Arbeiten beistand. Nach dessen Tod sollte er selbst als Offizier und Baumeister in die Fußstapfen seines Vaters treten. Von ihm existiert eine sehr lebendige, Lorenzo Tiepolo zugeschriebene Porträtzeichnung aus der Zeit vor 1753 im sogenannten Tiepolo-Skizzenbuch des Martin-von-Wagner-Museums der Universität Würzburg. 1736 wurde mit Valentin Franz Stanislaus († 1802), den späteren Geistlichen und Dekan am Würzburger Neumünster, ein weiterer Sohn in der Familie Neumann geboren. 1743 kam als Nesthäkchen schließlich Maria Franzisca Carolina auf die Welt.

Nach dem Tod des letzten Sohnes von Neumann 1802 wurde der bis dahin in der Familie aufbewahrte Nachlass an Entwürfen und Büchern beider Neumann-Architekten im Juni 1804 in Würzburg öffentlich versteigert. Die erhaltenen Reste des sonst leider in alle Winde zerstreuten Bestandes bilden eine der wichtigsten Quellen zu Leben und Werk Balthasar Neumanns.

Zu Lebzeiten Neumanns war das große Haus in der Franziskanergasse nicht alleine die Wohnung einer vielköpfigen Familie, sondern wohl auch das Büro des Architekten, der von hier aus seine Baustellen leitete oder dort vermittels der »Nachthülf« so manchen Architekturentwurf zeichnete. Zeitweise war das Anwesen ferner Sitz einer Art Architekturakademie, in der Neumann privaten Interessenten Unterricht im Entwerfen von Gebäuden gab.

SCHWIERIGES ARBEITEN UNTER HUTTEN

Gleichwohl dürfte Kleinerts Porträt von 1727 weniger Neumanns damalige dienstliche Stellung als einen selbstbewussttrotzig behaupteten Anspruch des Baumeisters und Offiziers spiegeln. Unter Fürstbischof Hutten wurde in Würzburg zwischen 1724 und 1729 wenig gebaut. Zudem hatte der Architekt mit den Intrigen des Würzburger Hofkammerrats Anton Gerhard zu kämpfen, der ihm das Leben schwer machte und – obwohl nicht vom Fach – die Aufsicht über das Bauwesen an sich zog. Dabei scheint Neumann durchaus von Fürstbischof Hutten geschätzt worden zu sein, der ihn bekanntlich bereits in den ersten Monaten seiner Herrschaft zum Major befördert hatte. Als Protegé des Hauses Schönborn war Neumann in diesen Jahren gleichwohl verstärkt auf Aufträge des Adels und der Klöster angewiesen. Letztendlich behauptete er sich in diesem schwierigen Umfeld jedoch glänzend. Bereits vor Hutten hatte er die Augustinerchorherren von Heidenfeld nahe der Reichsstadt Schweinfurt als Bauherrn für ihr neues Stiftsgebäude gewinnen können. 1726 folgte die alte Benediktinerabtei Münsterschwarzach mit dem Neubau ihrer Kirche. Im gleichen Jahr begann er mit dem Bau der Propsteikirche von Holzkirchen. Auf dem Höhepunkt der Querelen mit der Hofkammer konnte er 1728 als zusätzlichen wichtigen Auftraggeber mit regelmäßigem Salär das Domkapitel in Würzburg gewinnen, das ihn zu seinem Baudirektor ernannte.

OBERSTER BAUMEISTER IN WÜRZBURG UND BAMBERG UNTER SCHÖNBORN

Auf den 1729 gestorbenen Hutten folgte im gleichen Jahr mit Friedrich Karl wieder ein baufreudiger Schönborn auf dem Würzburger Bischofsstuhl. Da er kurz zuvor außerdem Nachfolger seines Onkels Lothar Franz in Bamberg geworden war, vereinte er zwei Fürstbistümer im Herzen des Reiches in

Neumanns Porträts

Voller Stolz ließ sich Neumann 1727 von dem aus Nürnberg stammenden Würzburger Hofmaler Marcus Friedrich Kleinert porträtieren. Selbstbewusst zeigt sich der Vierzigjährige in dem Halbfigurenbild im Brustharnisch des Offiziers mit leuchtend rotem, in reicher Stofffülle um die Schulter gelegtem Mantel. Den Blick fest auf den Betrachter gerichtet, lehnt Neumann an einem Kanonenrohr, ein Hinweis zugleich auf seine Herkunft aus dem Handwerk des Geschützgießers sowie auf seine derzeitige Stellung als Artillerieoffizier. In seiner rechten Hand hält er eine Rolle mit Festungsplänen und mit der linken weist er auf den damals vollendeten Pavillon im Nordflügel der Würzburger Residenz, Sinnbild seiner Position als Zivilbaumeister.

Es sind eine ganze Reihe weiterer zeitgenössischer Porträtbilder Balthasar Neumanns bekannt geworden. Ein unbekannter Maler hat Kleinerts Porträt von 1727 um 1740 noch einmal wiederholt und dabei die Gesichtszüge des angehenden Mittfünfzigers angepasst. Das Bildnis im Bestand des Museums für Franken erreicht jedoch ebenso wenig den Rang von Kleinerts frühem Porträt wie ein gegen 1750 zu datierendes Pastellgemälde von unbekannter Hand in privatem Besitz. Mitte des 18. Jahrhunderts entstand ferner jenes Medaillon mit dem vermuteten Porträtbild Neumanns im Bestand des Martin-von-Wagner-Museums der Universität Würzburg.

seiner Hand. Für Neumann bedeutete das einen weiteren Karriereschub, denn er wurde am 3. Dezember 1729 zum Oberstleutnant der fränkischen Kreisartillerie ernannt und keine zwei Wochen später von Friedrich Karl von Schönborn zum obersten Baumeister für das gesamte militärische, kirchliche und zivile Bauwesen im Hochstift Würzburg sowie für die Privatschlösser dieses Fürstbischofs bestellt. Für Bamberg, das Fürstbischof Friedrich Karl von Schönborn ja ebenfalls

Marcus Friedrich Kleinert, Porträt von Balthasar Neumann, 1727.

regierte, ist eine solche formelle Ernennung nicht zu belegen. Allerdings erhielt er durch ein fürstbischöfliches Dekret vom 15. Dezember 1729 die Summe von jährlich 100 Talern als Zulage zu seinem Gehalt für die Inspektion des Militärbauwesens im Hochstift Bamberg mit den Festungen in Kronach und Forchheim: Jetzt war er fast auf dem Höhepunkt seiner Karriere angekommen; ein gutes Jahrzehnt später sollte er noch zum Oberst der Kreisartillerie befördert werden, aber

Franz Lippold, Staatsporträt von Fürstbischof Friedrich Karl von Schönborn, 1751.

das war ein Titel ohne Mittel. Ein Protokolleintrag der Würzburger Hofkammer nennt ihn 1733 »hof kriegs- feldt- statt und landbaumeister« und unterstreicht damit nicht nur die Fülle der Ämter, sondern zugleich Neumanns Einfluss auf das Bauwesen in seiner ganzen Breite der Aufgabenstellungen.

Inzwischen war Neumanns Ruf als Architekt und Ingenieur weit über die engeren Grenzen Würzburgs und des Hochstifts hinausgedrungen. 1731 widmete ihm der Nürnberger

Architekturtheoretiker Johann Jakob Schübler seine »Nützliche Anweisung zu unentbehrlichen Zimmermannskunst«. Auch Neumann selbst lag offenbar früh daran, sein Wissen und seine Erfahrung in seinem Beruf weiterzugeben. Aus eigenem Antrieb hatte er sich bereits Mitte der 1720er Jahre in seinem Wohnhaus in der Franziskanergasse Raum und Gelegenheit dazu geschaffen, Interessierte vier bis fünf Stunden in der Woche in Fragen der Baukunst zu unterrichten. In Christian Bönickes Geschichte der Universität Würzburg von 1788 heißt es: »Wißbegierigen Lehrlingen ertheilte er [...] Privatunterricht, dem bey Zeiten einheimische und ausländische und preußische, mit andern Standspersonen, die ohne Absicht auf Kriegsdienste nach nützlichen Kenntnissen trachteten, beywohnten.« Daraus entwickelte sich ab 1731 ein regelmäßiger Lehrauftrag für Militär- und Zivilarchitektur an der Universität Würzburg, den ihm Fürstbischof Friedrich Karl von Schönborn erteilte. Wenn man so will, war Neumann von 1731 an Professor für Architektur.

Auch sonst war Neumann, modern formuliert, beruflich breit aufgestellt. Der Fortschritt am Bau der Würzburger Residenz erforderte schon zu Beginn der 1730er Jahre verstärkt hochwertiges Glas für Fensterscheiben und Spiegel. Die bekannten Glashütten im Spessart oder im Steigerwald lieferten offenbar nicht die erforderliche Qualität. Daher pachtete Neumann 1733 auf eigene Rechnung die Glasmanufaktur in Schleichach im Steigerwald – später Fabrikschleichach genannt – und richtete zudem in Würzburg eine spezielle Spiegelglasschleiferei ein. In den Baurechnungen zur Residenz oder zum Schloss in Werneck erscheinen fortan regelmäßige und respektable Beträge über Glaslieferungen aus dem Steigerwald. Die Gewinne aus diesem Geschäft besserten das Gehalt Balthasar Neumanns sicher nicht unwesentlich auf. Der Ertrag der Pulvermühle in Würzburg, zu deren Vorstand er schon 1722 bestellt worden war, erbrachte gewiss noch manchen zusätzlichen Batzen.

Zudem erbte er von seinem im Jahr 1741 verstorbenen Schwiegervater, dem Geheimen Rat Franz Ignaz Schild, Garten und Weinberge in Randersacker am Main bei Würzburg. Diese Anwesen werden Neumann weitere Einkünfte beschert haben. Voller Stolz über den Besitz errichtete der Baumeister in Randersacker zwei Gartenpavillons, von denen sich einer direkt an der Durchfahrtsstraße erhalten hat.

OBERST DER FRÄNKISCHEN KREISARTILLERIE

Ein letztes Mal kletterte Neumann die Karriereleiter als Offizier um eine weitere Stufe empor und wurde 1741 mit Unterstützung von Fürstbischof Friedrich Karl von Schönborn zum Oberst der fränkischen Kreisartillerie befördert. Im Vorfeld waren aber erstmals kritische Töne zu hören. So hielt das Kreistagsprotokoll fest, dass »herr obrist lieutenand dem creyss noch keine stund im feld gedienet, und doch schon über 10000 rthlr. an gage und portionen aus der cassa gezogen hat«. Aus Sorge um die Finanzen des Kreises und weil auch der Ansbacher Markgraf auf der Beförderung seines Baudirektors Leopoldo Retti bestanden hatte, wurde Neumann nur unter der Bedingung zum Oberst ernannt, dass es bei dem Sold des Oberstleutnants zu bleiben habe.

Finanziell dürfte das Neumann nicht wirklich getroffen haben. Im Dienst des Hochstifts bezog er an Geld und geldwerten Einnahmen rund 1.055 Gulden. Vom Fränkischen Kreis erhielt er etwa 850 Gulden an Sold. Seit 1729 bekam er außerdem jährlich 100 Gulden für die Inspektion des Militärbauwesen im Hochstift Bamberg. Dazu addierten sich nicht zu beziffernde Einnahmen aus der Glashütte Fabrikschleichach sowie aus sonstigen privat abgerechneten Aufträgen. Man wird nicht völlig fehlgehen, wenn man Neumanns jährliches Einkommen auf etwa 2.500 Gulden beziffert. Zum Vergleich: Ein Obrist hatte in der Regel rund 650 Gulden an Sold. Der Kanzler des Hochstifts Würzburg bezog 2.244 Gulden, der Hofmarschall 2.464 Gulden und der Statthalter als Stellvertreter des Fürstbischofs in dessen Abwesenheit 3.610 Gulden. So gesehen gehörte Neumann damit auf dem Höhepunkt seiner Laufbahn am Würzburger Hof zu den am höchsten dotierten Mitarbeitern.

Nach Neumanns Tod erstellte Liste seiner Einkünfte vom Hochstift Würzburg

»Specificatio, was abgelebter herr obrister Balthasar Neumann an besoldung [vom Hochstift Würzburg] jährlich genossen als

	fl.	Batz.
An geld	480	
Addition	120	
Neujahr	32	
Quartiergeld	62	6
Kostgeld wochentlich 3 rthlr.	182	6
Kostgeld für 1 diener wochentlich 2 fl. rein.		83
1 fuder wein	24	
12 karren holz	28	12
19 malter habern auf 2 pferd	38	
	1055	9«

Ungeachtet, dass diese wohl unmittelbar nach Neumanns Ableben erstellte Liste erkennbare Rechenfehler enthält, gibt sie doch einen guten Überblick über die Positionen, aus denen sich Neumanns Einkünfte als Offizier in Würzburgischen Diensten zusammensetzten.

STETS IM DIENST

Dafür stellte der Baumeister sich und sein ganzes Leben voll in den Dienst der ihm übertragenen Aufgaben: Er arbeitete praktisch rund um die Uhr und nahm nie Urlaub. Krankheit scheint in der Regel kein Thema gewesen zu sein. 1735 spricht Neumann in einem Brief von einem »Ein zigen halben tag daß gantze jahr, wo ich medicin gebraucht« und er nicht bei der Arbeit war. Ein einziges Mal scheint er auf Kur gewesen zu sein: Mitte August 1744 ist er »abents auf Kissingen gereiset, umb von daßiger Cur zum gesundheits Nutzen mich theilhaftig zu machen«. Selbstredend hat der treue Neumann die Auszeit genutzt, um nebenher die Brunnen in Kissingen und Bocklet zu inspizieren und sich im nahen Münnerstadt wegen künftiger Bauaufgaben umzusehen.

Dienstreisen und Kommunikation

Die Betreuung der oft weit entfernten Baustellen in Würzburg und Bamberg sowie in den übrigen Schönborn-Landen an Rhein und Mosel, aber auch die Aufgaben des fränkischen Kreises erforderten von Balthasar Neumann häufig ausgedehnte Dienstreisen. Die meisten dürfte er zu Pferd oder mit der Ordinari-Post unternommen haben. Manchmal fuhr er mit dem Schiff auf dem Main bis Frankfurt oder Mainz und von da auf dem Rhein zu seinen Baustellen. Es handelte sich dabei meist um Markt- oder Messschiffe mit regelmäßigen Fahrzeiten. Da Postkutschen und Schiffe auch nachts fuhren, boten sie die reichlich unbequeme Möglichkeit, zwischen zwei Terminen »eine Mütze Schlaf« zu nehmen. Einen Eindruck von den Strapazen solcher Dienstreisen vermittelt Neumanns Bericht an Friedrich Karl von Schönborn vom 2. April 1742 aus Ehrenbreitstein: »frey[tag] umb 9 Uhr bey seiner Churfürstl. Durchlaucht [Franz Georg von Schönborn] in der Ersten Audientz geweßen, [...] alß dann wegen des wasserwercks zu brühl der weithere discurs wahre, ich so dann, die sache kurtz zu machen, gleich mit dero Architecten nacher besagten brühl vndt nachts widerumb nach bonn den sambstag umb 9 uhr früh widerumb zu seiner Churfürstl. Durchlaicht, vnterthänigst referirt [...] vndt abents in mein schifflein abgereißet, den Sonntag mitags zu Andernach [...] sodann auf Cärlich vndt nachts gestern auf Ehrenbreitstein, [...] von hier recta nach franckfurt [...] morgen früh d. 3. April von hier zu wasser abgehen vndt vielleicht 1 oder 2 tag in Maintz verbleiben.« Häufig reiste Neumann an Sonn- und Feiertagen, um Arbeitstage zu schonen; er kannte bei den Reisen außerdem keine Ruhepause etwa an den Hochfesten zu Weihnachten, Ostern oder Pfingsten beziehungsweise zum Jahreswechsel. Von den Gefahren solcher Fahrten hören wir 1745, anlässlich seiner Rückreise von Ehrenbreitstein nach Würzburg.

Neumann geriet dabei mehrfach zwischen die Fronten und wurde schließlich bei Friedberg von zehn französischen Soldaten »mit bloßen gewehr« aufgehalten. Man vermutete in ihm nicht zu Unrecht einen Ingenieuroffizier, während Neumann sich erfolgreich »aber mehr auf daß Civile explicirt«. In der Wartezeit »opferte ich meinen flaschen Keller Moßlerwein auf, trinckete mit«. Auf der weiteren Reise begegnet er erneut französischen Soldaten, die ihn aber nicht mehr aufhielten.
Die räumlich weit gespannte Bautätigkeit zwischen Franken und dem Rheinland im Dienst des gräflichen Haues Schönborn erforderte eine höchst effiziente Kommunikation. Von Beginn an unterrichtete Neumann seine Dienstherren in regelmäßigen Abständen über den Stand des Bauwesens. Meist geschah dies schriftlich. Wir sind insbesondere über die Pariser Reise 1723 und durch seine Korrespondenz mit Friedrich Karl von Schönborn zwischen 1729 und 1746 bis in die Details von Planung und Baufortschritt informiert. Aufschlussreich ist, dass die Laufzeit dieser Briefe quer durch das ganze Reich mit der Taxis-Post schon im 18. Jahrhundert kaum mehr als zwei bis drei Tage betrug. Außerdem gab es zwischen den Hofhaltungen in Würzburg und Bamberg einen täglichen Botenverkehr; bei Bedarf wurden für besonders wichtige Nachrichten sogar extra Kuriere losgeschickt.

Diese absolute Dienstbereitschaft brachte es mit sich, dass Neumann auch außerhalb seiner engeren Geschäfte eine besondere Stellung einnahm: Er wurde zum Beispiel für besondere Repräsentationsaufgaben eingesetzt. 1725 arrangierte er zum Besuch der Erzherzogin Elisabeth ein Feuerwerk und eine Wasserjagd auf dem Main. Als im Juni 1737 Markgraf Friedrich von Bayreuth mit großer Entourage durch Würzburg fuhr, war es Oberstleutnant Neumann, der das militärische Ehrengeleit kommandierte. 1740 errichtete er im Dom zu Frankfurt ein Trauergerüst für die verstorbene Kaiserin

Amalie, Witwe des Kaisers Josephs I. Anfang Juli 1745 durfte er sogar Großherzog Franz Stephan von Toskana bei dessen Würzburg-Aufenthalt auf dem Weg zu seiner Kaiserkrönung in Frankfurt durch die Räume der nahezu vollendeten Residenz führen. Das hat Eindruck bei den höchsten Herrschaften hinterlassen und brachte ihm den Auftrag zur Planung zum Neubau der kaiserlichen Hofburg in Wien ein. Diese Pläne blieben zwar unausgeführt, aber Kaiser Franz I. und Kaiserin Maria Theresia bedankten sich bei Neumann 1747 mit einer goldenen Tabakdose: Er hatte inzwischen ein solches Ansehen gewonnen, dass man ihn nicht mehr mit Geld, sondern mit »Doceurs« – Ehrengaben – honorierte.

KARRIEREKNICK UNTER INGELHEIM – REHABILITATION UNTER GREIFFENCLAU

Gleichwohl waren die 1740er Jahre für Neumann kritisch. 1744 wurde er aus unbekannten Gründen als Architekt des Würzburger Domkapitels entlassen, erhielt diese Position aber bereits Anfang 1747 erneut übertragen. Lässt sich daraus so etwas wie ein Wetterleuchten der sich ihrem Ende zuneigenden Ära des Schönborn-Bischofs ablesen? Schwerwiegender war, dass er nach dem Tod von Friedrich Karl von Schönborn am 25. Juli 1746 von dessen Nachfolger Anselm Franz von Ingelheim (reg. 1746–1749) bereits im Herbst des gleichen Jahres seiner zivilen Ämter als Baumeister enthoben und auf seinen Sold als Offizier gesetzt wurde. Der bereits bei Amtsantritt kranke Ingelheim war mehr auf die Förderung seiner alchimistischen Neigungen als auf Kunst und Architektur bedacht. Erneut intensivierte Neumann sein Engagement im Kreis der Schönborn-Fürstbischöfe oder bei Kurfürst-Erzbischof Clemens August von Bayern und Fürstbischof Franz Christoph von Hutten oder Carl Eugen Herzog von Württemberg für Stuttgart sowie Carl Friedrich Markgraf von Baden-Durlach. In dieser für ihn schwierigen Situation zahlten sich die im wörtlichen Sinne über Jahrzehnte gepflegte Netzwerke Neumanns aus und sicherten ein reiches Betätigungsfeld weit über Würzburg hinaus.

Tilly
Lena Christ
Ludwig II.
Die Wagners
Ludwig I.
Albrecht Dürer
Die Brüder Asam
Sebastian Kneipp
Liesl Karlstadt
Die reichen Herzöge von Bayern
Ludwig Thoma
Die Wagners
Ludwig IV. – der Bayer
Die Manns
Leon von Klenze
Veit Stoß
Hedwig
DIE BRAUT DER LANDSHUTER HOCHZEIT
VERLAG FRIEDRICH PUSTET
Joseph von Baader
TECHNIKPIONIER IM VORINDUSTRIELLEN BAYERN
VERLAG FRIEDRICH PUSTET
KARIN SCHNEIDER-FERBER
Kaiser Heinrich II. und Kunigunde
DAS HEILIGE PAAR
VERLAG FRIEDRICH PUSTET

G. B. Tiepolo, Neumann im Treppenhausfresko der Würzburger Residenz, 1753.

1749 starb Fürstbischof Anselm Franz, und das »Intermezzo« Ingelheim hatte ein rasches Ende. Bald nach der Wahl seines Nachfolgers Carl Philipp von Greiffenclau (reg. 1749–1754) wurde Neumann am 18. Juli 1749 wieder in alle früheren zivilen Ämter einschließlich des damit verbundenen Gehalts eingesetzt. Zwar stand nun an der Würzburger Residenz der Abschluss der Ausstattung, gekrönt von Tiepolos Fresken in Kaisersaal und Treppenhaus, im Mittelpunkt seiner Arbeit, aber die Hauptwerke seiner Kirchenbaukunst Vierzehnheiligen und Neresheim oder auch Maria Limbach waren gerade begonnen oder mussten neben zahlreichen anderen Bauten vorangetrieben werden.

Damals gab es noch viel zu tun, und der große Architekt war unentwegt fast bis zuletzt auf seinen Baustellen unterwegs. Dennoch waren die wichtigsten Bauten abgeschlossen, und an der Fortifikation Würzburgs wurde ebenfalls nicht mehr viel gearbeitet. Nach einigen Wochen der Unpässlichkeit starb der Architekt dennoch von den meisten unerwartet am 19. August 1753. Seine Ehefrau Eva Maria Neumann zeigte wenige Tage nach dessen Ableben dem Abt von Kloster Neresheim den Tod ihres Gatten an, der »früh zwischen 7 und 8 Uhr [...] nach Christ- heldenmüthigst ausgestandener langwüriger Leibsschwachheit (: so von einer schirrosen erhärtung an dem untern Magenschlund entstanden :)« gestorben war. Würzburg trauerte um den bedeutenden Baumeister, der am 22. August 1753 mit allen militärischen Ehren, die einem Obristen der fränkischen Kreisartillerie zustanden, in der Marienkapelle am Markt, als der Kirche der Würzburger Bürger, zu Grabe getragen wurde: »Ein ganzes Bataillon führte ein H. Obrister v. Kolb, die Artilleristen gingen vor und nach dem Trauerwagen, welchen vier in schwarz Tuch verhüllte Pferd zogen, als dan folgten 2 Geschütze auf Lafetten; bey der Einsenckung gabe die Bataillon vor der Capellen auf dem Marck Feuer, als dann wurden auf der Festung Marienberg 3 Kanonen losgeschossen und dieses wurde 3 mahl wiederholt; der ganze Leichen Conduct ware recht schön, alle Gassen und Häuser waren mit Menschen angefüllt, welche diesen Verstorbenen sahen und betrauerten.«

Nachdem das Wissen um Neumanns Grabstelle im Laufe von bald 200 Jahren aus dem öffentlichen Gedächtnis entschwunden war, entdeckte sie Max H. von Freeden in den 1930er Jahren in der Marienkapelle wieder. Seitdem erinnert dort eine Platte aus Bronze mit dem Porträtbild des Architekten daran. Überhaupt ist es schier unmöglich, alle öffentlichen Denkmäler für Neumann an dieser Stelle aufzulisten. Nur so viel: Von Johann Fidelius Schönlaub stammt eine nichtssagende, zudem inzwischen recht beschädigte Büste Neumanns von 1842 in der von König Ludwig I. eingerichteten Ruhmeshalle in München. Für den Rosengarten in Bad Kissingen hat Fried Heuler 1938 ein steinernes Standbild als Doppelporträt des Apothekers Boxberger und des Baumeisters Neumann geschaffen. Ein 2001 geschaffenes Ganzfigurenporträt aus Bronze von Klaus Rother steht vor der Kreuzkapelle in Kitzingen-Etwashausen. Ungezählt sind die Straßen und Schulen, die den Namen Balthasar Neumann tragen. Sogar der letzte von der Bundesrepublik Deutschland vor Einführung des Euro ausgegebene Fünfzigmarkschein war Neumann gewidmet und unterstrich damit dessen geschichtliche Bedeutung.

Nachruf des Domvikars Geisler

Der Würzburger Domvikar Geisler hielt in seiner Chronik fest: Neumann »war fränckischer Crays Artillerie Obrister, Würzburgischer Obrister, Kriegs- und Staatsbaumeister. Ein Mann wegen vieler seiner ganz besonderen Eigenschaften würdig eines längeren Lebens. Er war geliebt von grosen Chur und Fürsten wegen seiner Kunst und grosen Erfahrnis in der Architectur, wie er denn auch hir in Wurzburg die residenz, das fürstliche Schloss zu werneck, viele und schöne Hauser in der statt, schöne und grosse Kirchen auf dem Land Erbauet. Geliebt und geehret Von Jedermann wegen seiner leütseligen umbgang und christlichen lebenswandel. Sein leutseliges Wesen machte ihm jederman günstig.«

2 Neumann und das gräfliche Haus Schönborn

BAUMEISTER UND »BAUWURMB«

Balthasar Neumann stand zeitlebens als Offizier und Baumeister im Dienst der Fürstbischöfe von Würzburg. Wenn, wie im Falle von Friedrich Karl von Schönborn zwischen 1729 und 1746, dieser in Personalunion Fürstbischof von Bamberg war, weitete sich sein Arbeitsgebiet auch auf dieses Hochstift aus. Er diente ferner dem Domkapitel von Würzburg sowie dem Fränkischen Kreis und arbeitete für zahlreiche weitere adelige, geistliche und private Bauherren. Insgesamt ist jedoch sein umfangreiches Wirken als Baumeister ohne die Auftraggeber aus dem gräflichen Haus Schönborn und seiner Kirchenfürsten an Main und Rhein undenkbar. Die Bedeutung dieser Familie liegt darin, Neumanns Begabung früh erkannt und ihm über Jahrzehnte die richtigen Aufgaben zugewiesen zu haben. Es war für die Entwicklung des rheinisch-fränkischen Barock ein doppeltes Glück, dass ein so fleißiges Genie wie Neumann und ein so kunstsinniges und mächtiges Geschlecht wie das der Schönborn zur gleichen Zeit in einer Kunstlandschaft auftraten. Diese Familie bekleidete über mehr als 100 Jahre bedeutende Positionen im ganzen Reich, die es ihr ermöglichten, ihrer vom »Bauwurmb« verursachten Leidenschaft ausgiebig zu frönen.

JOHANN PHILIPP FRANZ

Als Johann Philipp Franz von Schönborn 1719 Fürstbischof von Würzburg geworden war, setzte er sofort alles daran, die Hofhaltung vom Marienberg in die Stadt zu verlegen: Der Bau der Residenz, die Arbeit an einer möglichst repräsentativen Erscheinung der Stadt und die Befestigungsarbeiten rings um Würzburg boten ein reiches Betätigungsfeld. Willkommene Hilfe fand der Bischof in den von ihm von dem nach seiner Wahl aus dem Amt gejagten früheren Hofkammerdirektor Gallus Jakob von Hohlach (1670–1736/37) zurückgeforderten,

Franz Lippold, Das Haus Schönborn huldigt der Dreifaltigkeit. Altarbild in Gaibach, um 1748.

veruntreuten 640.000 Gulden. Es spricht für Schönborns Weitblick als Landesherr, dass er dieses Geld nicht alleine für den Bau der Residenz verwendete, sondern zum Beispiel auch für den Ausbau der Befestigung seiner Residenzstadt oder in

Königshofen. Sicher ist aber zugleich, dass diese gewaltige Summe Schönborns Residenzbaupläne entscheidend gefördert hat. Bis 1724 wurde aus dem noch unerfahrenen Ingenieurleutnant Neumann ein aufstrebender Baumeister; heute würde er vermutlich als »shooting star« gelten.

Wahrscheinlich waren die hochfliegenden Pläne dieses Schönborn-Fürstbischofs dann doch des Guten etwas zu viel, und das Würzburger Domkapitel wählte nach dessen Tode 1724 nicht seinen bereitstehenden Bruder Friedrich Karl von Schönborn, sondern Christoph Franz von Hutten, unter dem das ganze Bauwesen fast zum Erliegen kam. Da war es hilfreich, dass Neumann auf andere Auftraggeber zurückgreifen konnte: die Augustinerchorherren von Heidenfeld am Main bei Schweinfurt zum Beispiel oder die Benediktiner von Münsterschwarzach. Auch für die fuldische Propstei Holzkirchen baute er in dieser Zeit den Zentralbau ihrer Kirche.

LOTHAR FRANZ

Unangefochtener Chef des Hauses Schönborn war bis zu seinem Tod Lothar Franz (reg. 1693–1729). Seit 1693 Fürstbischof von Bamberg sowie vor allem seit 1695 Kurfürst-Erzbischof von Mainz und Kanzler des Heiligen Römischen Reiches Teutscher Nation, war er nach dem Kaiser in Wien der zweite Mann im Reich. Solche Macht verschaffte ihm nicht alleine innerhalb der Familie Schönborn die absolute Autorität: Was der Oheim in Mainz oder Bamberg anschaffte, wurde gemacht! Seiner Machtfülle verlieh er in Bauwerken und Gemälden in seinen Herrschaftsgebieten sichtbare Gestalt. Hauptwerk war sein von 1711 bis 1718 durch seinen Hofbaumeister Johann Dientzenhofer erbautes »Privatschloss« Weißenstein ob Pommersfelden nahe Bamberg. Obwohl Lothar Franz dem Baumeister Neumann selbst kaum Aufträge gab, hielt er große Stücke auf den jungen Ingenieur und förderte ihn innerhalb der Familie. Er war es, der den Plan aufbrachte, Neumann für einige Zeit in die Welt auf Reisen zu schicken, damit er die modernste Architektur seiner Epoche aus eigener Anschauung kennenlernen könnte. Immerhin hielt sich Neumann 1723 für einige Monate zu Studienzwecken in Paris auf, reiste 1730 über Böhmen nach Wien und von dort über München, Nymphenburg, Schleißheim und Regensburg zurück. Ferner darf man nicht unterschätzen, was er bei seinen zahlreichen sonstigen Dienstreisen, die ihn bis nach Amsterdam geführt haben, noch an Bauwerken gesehen und beachtet hat.

FRIEDRICH KARL

Nachfolger in Bamberg wurde nach Lothar Franz' Tod und noch im gleichen Jahr in Würzburg Friedrich Karl von Schönborn (reg. 1729–1746). Er stand seinem »Oheim« Lothar Franz als Bauherr und Kunstfreund in nichts nach. Bereits als Reichsvizekanzler in Wien von 1705 bis 1734 hatte er sich durch Lucas von Hildebrandt unter anderem Schloss Schönborn bei Göllersdorf erbauen lassen. Zu seinen Ratgebern gehörte der Architekt des Kaisers, Johann Bernhard Fischer von Erlach, und der Türkenbezwinger Prinz Eugen. Letzterer war nicht nur mit dem von Johann Lucas von Hildebrandt errichteten Belvedere selbst ein bedeutender Bauherr, sondern auch ein enger Freund. Mit Friedrich Karl von Schönborn zog ein Fürstbischof in Würzburg und Bamberg auf, der dank politischer Fortune und weitgespannter Netzwerke den von ihm regierten Ländern nicht nur eine lange Friedensperiode bescherte, sondern der über die Erfahrung und Weltsicht verfügte, um aus der Würzburger Residenz mehr als nur den »schönsten Pfarrhof Europas« (Napoleon Bonaparte) zu machen. Und Neumann war sein treuer Baumeister, der ungeachtet bürokratischer Hürden aus den Reihen der Würzburger Hofkammer, die Luftschlösser dieses Fürstbischofs Wirklichkeit werden ließ.

DIE FAMILIE SCHÖNBORN

Johann Philipp Franz und insbesondere Friedrich Karl von Schönborn waren als Fürstbischöfe Neumanns unmittelbare Dienstvorgesetzte, denen er stets loyal begegnete. Selbst als Oberst musste sich der Baumeister von Friedrich Karl freilich das »Du« in der Anrede gefallen lassen; ein »Er«, also die

Das System der Familie
Melchior Friedrich von Schönborn (1644–1717) war Mainzer Vizedom zu Aschaffenburg und hatte sechs Söhne, die alle hohe Ämter besetzten. Vier wurden Fürstbischöfe: Johann Philipp Franz (1673–1724) war Fürstbischof von Würzburg. Friedrich Karl (1674–1746) brachte es unter anderem bis zum Reichsvizekanzler sowie Fürstbischof von Würzburg und Bamberg. Damian Hugo (1676–1740) war Kardinal sowie unter anderem Fürstbischof von Speyer und Konstanz. Franz Georg (1682–1756) avancierte zum Erzbischof und Kurfürsten von Trier sowie zum Fürstbischof von Worms. Marquard Wilhelm (1683–1770) wurde Dompropst zu Bamberg und Eichstätt und saß darüber hinaus noch in vielen anderen Domkapiteln. Anselm Franz (1681–1726) war Kaiserlicher General. Rudolf Franz Erwein (1677–1754) baute als Herr der Grafschaft Wiesentheid mit Unterstützung der Familie dieses Fundament ihrer Macht aus und sorgte nicht zuletzt für den Fortbestand der Dynastie. Wenn man sich jetzt noch vor Augen führte, was hier aber den Rahmen sprengen würde, mit welchen hochadeligen Familien die Töchter aus dem Haus Schönborn verheiratet waren, dann gewinnt man eine Vorstellung von Macht und Einfluss dieses Geschlechtes in der ersten Hälfte des 18. Jahrhunderts.

Anrede in der dritten Person, wäre für einen damaligen hochadeligen Fürstbischof von Gottes Gnaden undenkbar gewesen. Man muss dabei jedoch bedenken, dass sich die Mitglieder der Familie im Verkehr untereinander, selbst die leiblichen Brüder, in den Briefen ebenfalls per »Sie« begegneten. Das schloss übrigens beißenden Spott nicht aus. Der Würzburger Fürstbischof Johann Philipp Franz, der zwar erster Bauherr der Residenz war, aber nach Meinung seiner Brüder keine Ahnung vom Bauen hatte, wurde häufig als »Episcopone« (»Bischöflein«) verhöhnt. Das Äußerste an förmlicher Vertrautheit miteinander im Schriftverkehr war die Anrede »Euer Liebden«.

Natürlich gibt es in den zwischen Neumann und seinen beiden Dienstherren gewechselten Briefen auch Zwischentöne. Neutral und geschäftsmäßig war die Adressierung »Obrist Lieutnant Newmann«. Wenn Neumann von seinem Fürstbischof als »Lieber getrewer« angesprochen wurde und dieser ihm gar noch versicherte, dass er mit dessen »vnterhänigsten Dienst Eyffer gnädigst zufrieden« war, dann dürfte der Baumeister das als höchstes Lob aufgefasst haben. Wenn Friedrich Karl »ahn den Newmann« geschrieben hat, dann aber waren Gewitterwolken aufgezogen. Trotzdem dürfte zwischen den beiden über alle seinerzeitigen Unterschiede von Stand und Geburt hinweg, eine respektvolle Vertrautheit geherrscht haben. Dem Bericht des Kammerdieners Josef Komareck zufolge, rief Friedrich Karl von Schönborn im Juli 1746 noch auf dem Totenbett Balthasar Neumann zu sich, um »mit ihm eine geraume Zeit sich [zu] unterhalten«.

Die übrigen Mitglieder der Familie Schönborn, die davon profitierten, dass Neumann sie oft über Wochen und Monate bei ihren Bauten gratis beriet, begegneten dem Baumeister ausgesprochen respektvoll: In Koblenz, Bruchsal oder Trier, Wiesentheid und andernorts war er ein hoch geachteter »Baudirigierungsgott«, der alle Freiheiten an den Höfen genoss. So war Neumann einmal offenbar unangemeldet mit dem Geheimen Rat Ganzhorn 1721 im Wiesentheider Schloss erschienen, wo er Rudolf Franz Erwein beim Essen antraf. Leider konnte dieser die beiden Gäste, »da es gerade fasttag geweßen«, nicht zu Tisch bitten und musste ihnen deshalb »mit nichts alß mit ettlichen flaschen bessern wein, [...] zu Diensten sein«.

3 Die Organisation des Bauwesens

PLANUNGSDISKURSE

In seinen frühen Jahren war Neumann als Soldat in Würzburger Diensten vermutlich direkt seinem Mentor, dem Ingenieurhauptmann Andreas Müller (1667–1720) unterstellt. Aber mit der Wahl von Johann Philipp Franz von Schönborn zum Fürstbischof von Würzburg am 18. September 1719 änderte sich seine Situation grundlegend. Nicht einmal einen Monat nach seiner Wahl berichtete Schönborn seinem Onkel Lothar Franz am 15. Oktober davon, dass er das Rennweger Schlösschen abbrechen werde und erste Konzepte für eine neue Residenz in Würzburg entworfen habe. Zur näheren Information sandte er den Ingenieurleutnant Neumann, »welcher die risse selbsten verfertigt, auch von meinen gedancken genugsamb informirt ist« und der »ein mehreres mündlich vorzutragen von mir befelchet ist«. Wir wissen nicht, was dem an Planungen vorausgegangen ist, aber Neumann erlangte spätestens seit dem Herbst 1719 im Zusammenhang mit dem Neubau der Würzburger Residenz ein besonderes Vertrauensverhältnis zu Johann Philipp Franz von Schönborn und wurde dessen erster Mann in allen Bauangelegenheiten.

Auf der einen Seite war Balthasar Neumann seit 1719 an führender Stelle mit der Planung der Würzburger Residenz betraut, auf der anderen Seite war er praktisch auf sich alleine zurückgeworfen und hatte anfangs kaum Mitarbeiter zu seiner Unterstützung. Neben den sonstigen organisatorischen Aufgaben der Vorbereitung der Residenz-Baustelle war er persönlich intensiv damit befasst, die von seinem Bauherrn formulierten Planungsideen in Baurissen zu notieren oder Kopien solcher Entwürfe für die Familienmitglieder oder sonstige Beteiligte anzufertigen. Darüber hinaus hat Johann Philipp Franz von Schönborn offenbar in ganz Europa um Vorschläge für seine Würzburger Pläne nachgesucht, ohne dass wir davon Näheres wüssten.

Petrinis Schlösschen am Rennweg

Bereits Schönborns unmittelbarer Vorgänger Fürstbischof Johann Philipp von Greiffenclau (reg. 1699–1719) strebte nach einer Stadtresidenz in Würzburg. Dazu ließ er sich zwischen 1701 und 1704 von seinem Baumeister Antonio Petrini das Schlösschen am Rennweg beim östlichen Eingang in die Stadt erbauen. Es stand etwa im Bereich des heutigen Ehrenhofs von Neumanns Residenzbau und war wesentlich kleiner. Bald nach Fertigstellung von Petrinis Bau zeigten sich jedoch gravierende Bauschäden und es wurde vermutlich nie bezogen. Deshalb wurde das Schlösschen zugunsten der Residenz abgerissen.

Meist stand am Anfang der Planungsarbeit eine rasche Faustskizze von Neumanns eigener Hand. 1731 schrieb er Friedrich Karl von Schönborn zu Beginn der Planungen für Werneck: »vndt so viel mir die Zeit es gelassen, geschwind mit bley einen Erstern gedancken darauf gezeignet, welchen mann ohne vnterthänigst Maßgebung Endern kan, wie mann will.« Solche »Erstern gedancken« sind im Laufe des weiteren Planungsprozesses in der Regel untergegangen und nicht erhalten. Neumann hat während seiner Entwurfsarbeit bei Änderungswünschen seiner Bauherren oder neuen eigenen Ideen immer wieder solche raschen Skizzen vorgelegt, die in seinen Briefen erwähnt werden und diesen offenbar beilagen. Sie sind meist ebenso wenig erhalten, wie jene sorgfältig gezeichneten Risse in großem Maßstab, die auf der Baustelle den Handwerkern vorlagen und aus denen sie die Maße für das zu schaffende Gebäude mit Zirkel und Zollstock herausgegriffen haben. Überliefert sind lediglich die meist aufwendig gezeichneten und farbig illuminierten Schaurisse, mit denen die jeweiligen Auftraggeber sich und anderen oft lange vor Vollendung des Bauwerks eine anschauliche Vorstellung von ihrem Unternehmen vermitteln wollten. Gerne ließen sich Fürstbischöfe und Prälaten deshalb mit solchen Plänen in den Händen als Bauherren porträtieren.

Anfangs scheint die komplette Last der Zeichen- und Entwurfsarbeit für das gesamte herrschaftliche Bauwesen nur in Neumanns Händen gelegen zu haben. Bei allem Fleiß konnte er diese zeitraubende Arbeit auf Dauer unmöglich alleine leisten. 1722 erscheinen in den Rechnungen die Namen von Johann Singer, Johann Georg Müller und Joseph Raphael Tatz als Zeichner. Sie waren als Soldaten zum Residenzbau abkommandiert worden. 1726 wissen wir, dass außerdem die Leutnante Kilian Bauer und Veit Koch mitarbeiteten. 1733 wurde Kilian Bauer, mit dem Neumann unzufrieden war, wieder in die Festung Königshofen zurückbeordert und verlor dabei die ihm in Würzburg gewährten Zulagen. An seiner Stelle ernannte der Fürstbischof den Feuerwerker Balthasar Joneck zum Bauschreiber. Im Dekret seiner Anstellung wurde festgehalten, dass er »sich zu allem, so wohl an copiren deren rissen, [als] an fortificationssachen« gebrauchen lassen musste. Mit Joneck hatte Neumann einen zuverlässigen Mann an seiner Seite. Ferner tauchen unter Neumanns Führung weitere Angehörige der Haustruppen wie Michael Anton Müller und Johann Michael Fischer im Bauwesen auf, die neben ihrem Sold zumeist eine Zulage für ihre Mitarbeit erhielten.

Auf dem Höhepunkt des Bauwesens ab den 1730er Jahren beschäftigte Neumann weitere nicht aus dem Militärstand kommende Zeichner wie Anton Neumann, Wolfgang Högler oder Thomas Fährer gegen Taglohn. Es ließen sich darüber hinaus noch viele andere mehr oder weniger bekannte Namen anführen, die auf der Basis von Taglohn wenigstens zeitweise für Neumann gezeichnet haben. 1730 hatten Salomon Kleiner und Raphael Tatz den Architekten auf seiner Reise nach Wien begleitet und erhielten für das Auszeichnen der während der dortigen Baukonferenzen gefertigten Entwürfe Zahlungen. Ferner gab es Spezialisten für Innenraumdekorationen wie den Bildhauer Johann Wolfgang von der Auwera, der 1740 beschäftigt wurde.

Die meisten von Neumanns Bauzeichnern dürften von zu Hause aus gearbeitet haben. Im einen oder anderen Fall kann

Neumanns ungeliebter Stellvertreter Tatz

Angesichts der Vielzahl von Mitarbeitern im Bauwesen und der häufigen Abwesenheit Neumanns auf Reisen zu den auswärtigen Baustellen, stellte sich immer drängender die Frage nach einer Vertretung, die zum Beispiel auch Rechnungen abzeichnen konnte. Fürstbischof Friedrich Karl von Schönborn ernannte 1733 ausgerechnet den von ihm zwar stets geförderten, von Neumann jedoch wenig geschätzten Ingenieurleutnant Joseph Raphael Tatz zu seinem Stellvertreter. Zwischen den beiden gab es nie eine wirklich gedeihliche Zusammenarbeit. Trotz unbestreitbaren zeichnerischen Talents brachte sein überentwickelter Ehrgeiz Tatz ständig in Konflikt mit seinem Chef Neumann. 1742 wurde er wegen eines »pasquil« – einer Schmähschrift – gegen Neumann ins Soldatenstockhaus gesteckt, und 1745 ist dann die Rede von einer »Inquisition wegen des abgekommenen Tatz«. Man weiß es nicht: War es Fahnenflucht oder ein Untertauchen mit Billigung von Friedrich Karl von Schönborn? Jedenfalls erscheint Tatz 1754 als Ingenieurhauptmann wieder in Wien. Auch für Bamberg erhielt Neumann mit Ingenieurleutnant Johann Jacob Michael Küchel ab 1735 einen Stellvertreter, auf den er jedoch große Stücke hielt.

man davon ausgehen, dass mancher im Taglohn beschäftigte Architekturzeichner sogar in Neumanns Privathaus tätig war. Mit der Zeit wurde das aber offenbar zu viel. Unter dem Betreff »extra Brönnholz zum Riß machen« beschloss die Hofkammer 1734: »Über des Obristlieut. Neumanns Jetzt gethaner Vorstellung, was extra riß für Sr. Hochfürstl. Gnaden wieder Neuerlich außzufertigen gndst anbefohlen worden, hierzu aber Ein besonderes Zimmer [in der Residenz anzuweisen] folglich zu dieser Zeit auch Holz zum Einheizen nöthig seye, wurde Beschlossen Cammerzinns Verwaltern zu intimiren, daß dieser das nöthige Holz hierzu abfolgen lassen solle.« Im Umkehrschluss bedeutet das zugleich, dass der große Baumeister Neumann, wie man das aus heutiger Sicht erwarten könnte, eben kein Büro mit Sekretariat hatte. Nur hin und wieder, wenn die Fülle der Arbeiten es erforderte, bezog er mit seinen Zeichnern ein Zimmer in der Residenz, dessen Nutzung er sich jedes Mal von der Hofkammer eigens genehmigen lassen musste. Sogar um die Beschaffung von Bleistiften für das Zeichnen der Risse kümmerte sich Neumann anfangs selbst: 1721 verzeichnen die Rechnungen für den Würzburger Festungsbau zwei vergleichsweise hohe Beträge an den »Lochner von Nürnberg« für »bleistift«, die sich der Baumeister eigens liefern ließ.

ARCHITEKTURMODELLE

Neben Grund- und Aufrissen sowie Schnitten jedweder Art oder sorgfältig illuminierten Schaurissen spielten im architektonischen Entwurfsprozess der Barockzeit Modelle eine nicht geringe Rolle. Sie konnten aus einfachsten Materialien sein, die mit dem Messer zum Beispiel aus einer großen Kartoffel oder einer Rübe herausgeschnitten waren und zur Verdeutlichung einer bestimmten Aufgabenstellung auf der Baustelle dienten. Das konnten aber auch aufwendige Modelle in großem Maßstab aus Holz oder Gips sein. 1723/24 arbeiteten die Schreiner Servatius Arend und Benedikt Schlecht mit dem Drechsler Johann Adam Schlereth an einem Modell der Residenz in Würzburg, das leider nicht überliefert ist. In den Rechnungen dazu fallen die vielen Hundert gedrechselten Säulen auf. Das, was für die Architektur galt, galt auch für deren Interieur: Im Vorgriff auf die Ausstattung der eben kaum begonnenen Residenz brachte Neumann 1723 aus Paris »kleine modell von stühlen und bettern« nach Würzburg mit, die in der französischen Hauptstadt gerade modern waren.

Erhalten sind die Modelle für die Kirche von Münsterschwarzach und für die Wallfahrtskirche Vierzehnheiligen. Das Modell für Münsterschwarzach von 1726 im Bayerischen Nationalmuseum in München lässt sich entlang der Längsachse öffnen und wies ursprünglich diverse Alternativlösungen der Vierungskuppel auf. Es war somit nicht nur ein Schau-

Arbeitsmodell zur Benediktinerabteikirche Münsterschwarzach, 1726.

modell, sondern aktiver Teil des Entwurfs, in das man an einer bestimmten Stelle verschiedene Kuppellösungen einsetzen und studieren konnte. Immer wieder ist in der Korrespondenz die Rede von solchen Modellen: 1731 schuf Neumann eigenhändig über viele Wochen ein Modell der Treppenanlage für Schloss Bruchsal. Als er die Würzburger Wasserleitung plante, studierte der Ingenieur Neumann »ahn meinen in hauß machenden brunnen Modell [...] alß fort biß ich auf den letzten point komme«, wie er Friedrich Karl von Schönborn eigens meldete. Leider ist bis auf Münsterschwarzach und Vierzehnheiligen keines dieser Modelle erhalten.

BAUSTELLENEINRICHTUNG

Parallel zu den ersten Entwürfen und Rissen zur Würzburger Residenz, über deren Gestalt während des Winters 1719/20 heftig gerungen wurde, galt es aber auch die Baustelle einzurichten und Handwerker einzustellen. Zu einem Zeitpunkt, an dem man sich weder auf das große Ganze der Architektur noch auf Details der Planung verständigt hatte, musste, um mit dem Bauen wirklich beginnen zu können, wenigstens eine Linie festgelegt werden, an der am 22. Mai 1720 der Grundstein im Bereich des Nordovals am Rennweg gelegt werden konnte. In aller Eile waren Maurer und Steinhauer eingestellt und förmlich Dientzenhofer und Neumann unterstellt worden, »daß sie ohne derselben gut befinden, wissen und anhandgeben nichts tuen sollen«. Zur Unterstützung war Neumann der Bauverwalter Röschert beigegeben worden. Von Seiten der für die Finanzierung zuständigen Hofkammer sollte »der cammerrat Pfanzert, der sonst nichts sonderliches zu tuen die aufsicht dabei mit haben«. Anlässlich der Grundsteinlegung sind den Maurern »3 eimer wein und jedem ½ leiblein brod gegeben« worden.

Binnen kurzer Zeit waren 70 Maurer auf der Baustelle tätig, mussten Pferde und Fuhrwerke in der Nähe der Baustelle untergebracht werden, die, wie das Bauwesen auch, mit Wasser zu versorgen waren. Es galt Steinbrüche zu finden und zu erschließen, um die verschiedensten Steinarten zu brechen. Obwohl die Baustelle der Residenz damals am östlichen Stadtrand von Würzburg lag, befanden sich in der Nachbarschaft allerhand Grundstücke, die über kurz oder lang in den Baugrund einbezogen sein würden. Daher waren mit deren Eigentümern Verhandlungen zu führen.

Über all diesem hektischen Treiben, das hier nur andeutungsweise skizziert werden kann, zeichnete sich Mitte 1720 wieder einmal die Gefahr eines Religionskriegs ab. Die Hofkammer beschloss deshalb, »die angefangene schanzarbeiten mit doppelter mannschaft anzugreifen«. Den Residenzbau aber wollte man trotzdem bis zum Herbst weiterbetreiben, um dann über den weiteren Fortgang zu entscheiden. Zur Beschleunigung der Schanzarbeiten kommandierte man 1721 sogar Ingenieurleutnant Bauer aus der Festung Königshofen nach Würzburg.

Daneben galt es für Neumann tagtäglich den Kampf mit der schon in der Barockzeit allgegenwärtigen Bürokratie zu bestehen: Im Herbst 1720 musste er mit der Hofkammer wegen der Vergabe steinerner Fenstergewände verhandeln. Da die Preise der Würzburger Steinhauer der Hofkammer zu hoch waren, hätten die Randersackerer Steinhauer den Zuschlag bekommen müssen. Offenbar sollte der Auftrag aber partout an einen Würzburger Steinhauer gegeben werden. Daher sagte der ortsansässige Jakob Bauer zu, ein »großes fenster um 17 thaler [zu] machen, ein mittleres um 8 thlr. und das geringste um 6½«. Das war der Hofkammer zwar immer noch zu viel, »H. Neumann aber meinet an den ersten großen fenstern noch einen halben thaler herabzubringen«. Mit dem Ergebnis dieser Nachverhandlung war das Würzburger Angebot jetzt doch am billigsten, und der Auftrag konnte in der Stadt verbleiben.

Nachdem sie anfangs die Arbeit der Maurer, Steinhauer und Zimmerleute im Taglohn vergeben hatte, beschloss die Hofkammer Ende 1721, die Maurer- beziehungsweise Steinhauermeister Mathes Kolb, Franz Graser, Jakob Bauer und Paulus Brenner sowie den Hofzimmermann Leonhard Stahl jährlich mit jeweils 200 Talern an Geld sowie 6 Eimern Wein und 4 Maltern Korn pauschal zu entlohnen und ihnen dafür jede andere Arbeit für private Auftraggeber zu verbieten. Ihre Handwerksgesellen sollten künftig unter der Direktion des Bauverwalters stehen und von diesem bezahlt werden.

Außerdem wurden Anton Clemens Lünenschloss (um 1680/90–1762) zum Hofmaler sowie Claude Curé (1685–1745) zum Hofbildhauer ernannt. Aus Paris brachte Neumann 1723 Andreas Klimpert als Hoftapezierer mit, der bis 1747 in Würzburg blieb. Ferner wurde der Pariser Tapissier Jean Gille eingestellt. Die Riege der künstlerischen Hofhandwerker komplettierten die Schreiner Servatius Arend und Benedikt Schlecht sowie der Stuckator Carlo Antonio Castelli, die damals an dem großen Modell der Residenz arbeiteten. Von der etwas jüngeren Generation hören wir 1723 erstmals von dem Maurermeister Johann Rudolf Wohlfahrt, der als Zeichner bezahlt wurde. Im Jahr 1724 vervollständigten der Tapezierer Prevost aus Wien, der französische Schreiner Charles Binel

Fürstbischof Hutten (reg. 1724–1729)
In der Regierungszeit von Fürstbischof Christoph Franz von Hutten setzte sich Hofkammerrat Anton Gerhard als dessen Günstling im herrschaftlichen Bauwesen mehr und mehr durch und stellte Neumann zunächst praktisch kalt. Gerhard war vorher Zollschreiber und von Hutten bald nach seiner Wahl zum »wirklichen« Kammerrat und ein Jahr danach zusätzlich zum Zollamtmann ernannt worden. Er zog die bisher Neumann zustehenden Weisungsbefugnisse im Bauwesen mehr und mehr an sich, übernahm schließlich auf Dauer die Revision der Bauabrechnungen und scheint das »herrschaftliche« Bauwesen de facto geführt zu haben. Fortan durfte im Bauwesen nichts unternommen werden, »ohne daß vorher die anzaig bei der Cammer und bei h. cammerrat Gerhard als bauambtmann« eingelaufen sei. Gerhard scheint jedoch den Bogen überspannt zu haben, denn er wurde 1729 wegen verschiedener Verfehlungen, »die gegen alle Verordnungen« waren, suspendiert, wenig später sogar in Arrest gesetzt und musste sich vor der »gerhard commission« für seine Verfehlungen verantworten.

und zuletzt im Juli der Schlosser Thomas Oellig aus Bonn die Riege der für den Würzburger Hof arbeitenden Kunsthandwerker.

In dem Moment, als sich Neumann somit ein erstes Team für die vielfältigen Arbeiten, die beim Bau der Residenz anfielen, erfolgreich zusammengestellt hatte, verstarb völlig unerwartet am 18. August 1724 Fürstbischof Johann Philipp Franz von Schönborn. Bereits sechs Tage später verfügte die Hofkammer, wie in solchen Fällen üblich, die Einstellung aller Bauarbeiten. Ungewöhnlich und ein schlechtes Omen für Neumanns weiteres Wirken war jedoch, dass nach der Wahl des Fürstbischofs Christoph Franz von Hutten das Protokoll der Würzburger Hofkammer am 6. Oktober 1724 außerdem die Entlassung aller »zeithero in hochstiftische hofdienste ufgenommen wordene fremde, meist französische künstler und handwerker« notierte. Alleine mit dieser radikalen Reduzierung des Baupersonals wird sichtbar, dass für Hutten das Bauwesen künftig nur noch eine marginale Rolle spielen sollte. Der neue Fürstbischof übernahm lediglich den Stuckator Johann Peter Castelli, der wenigstens die bereits angefangenen Räume in der Residenz vollenden sollte. Außerdem blieb Curé Hofbildhauer, der sich diese Aufgabe aber mit Jakob von der Auwera teilen musste. Mit Regierungsantritt des Fürstbischofs waren die von Neumann in den Jahren zuvor für das Bauwesen aufgebauten Personalstrukturen vollkommen zerstört worden.

HOFBAUKOMMISSION VERSUS ABSPRACHEN MIT FRIEDRICH KARL

Für Neumann gab es unter Hutten wenig Herrschaftliches zu bauen. Wie bereits ausgeführt, überbrückte er diese Zeit mit einer Reihe von privaten Aufträgen, so dass es ihm nicht an Arbeit und Einkommen gemangelt haben dürfte. Nach Huttens Tod 1729 bekam mit der Wahl von Friedrich Karl von Schönborn zum Fürstbischof von Bamberg und Würzburg das ganze Bauwesen sofort wieder eine klare Struktur: Zunächst beriet sich die Würzburger Hofkammer in regelmäßigen Sitzungen unter Einbeziehung Balthasar Neumanns über Fragen des Bauwesens. Ab 1733 setzte der Fürstbischof dann zusätzlich eine eigene Hofbaukommission für das gesamte herrschaftliche Bauwesen ein, in der der Baumeister ebenfalls vortrug. Friedrich Karl erhoffte sich davon eine beständige und ungehinderte, in jedem Fall aber verbesserte Kommunikation in allen einschlägigen Fragen, die auf diese Weise über zwei Kanäle lief: Einmal erhielt er die Protokolle der Hofbaukommission, und es lag am Fürstbischof, die dort notierten Entscheidungsvorschläge zu genehmigen oder zu verwerfen. Zum anderen ließ er sich wie bisher von Neumann in dichter Folge schriftlich über den Stand des Bauwesens informieren und erteilte dem Baumeister auf diesem Wege auch persönliche Weisungen. Umgekehrt nutzte Neumann die zahlreichen

Wolfgang Högler d. Ä., Würzburger Residenz im Bau, 1731.

Baubesprechungen unter vier Augen mit dem Fürstbischof, um oft genug an der Hofkammer oder der Hofbaukommission vorbei entsprechende Entscheidungen herbeizuführen. Hin und wieder hat es außerdem den Anschein, als ob der Fürstbischof Neumann im direkten Gespräch zu einem schnelleren Baufortschritt gedrängt hat, als er es offiziell gegenüber seiner Hofkammer kommunizierte.

Dabei überrascht ausweislich der geführten Korrespondenz der mehr als nur oberflächliche Fachverstand des Fürstbischofs bis in handwerkliche Details etwa bei der Auswahl der Hölzer oder der Frage, ob alle Fenster zum Öffnen einzurichten seien. Auch scheint er Neumann bei Preisangeboten ermuntert zu haben, gelegentlich an der Hofkammer vorbei »vnter der handt« zu agieren, »damit es nicht zu hoch in preiß kommen mogte«.

Desgleichen nutzte der Baumeister wohl mit Wissen und Unterstützung des Fürstbischofs den direkten Kontakt zu Hofkammerrat Riedel als Zahlmeister immer wieder, um das eine oder andere Problem auf dem kurzen Dienstweg zu lösen. Die mündlichen Befehle des Fürstbischofs oder die Verhandlungen Neumanns mit Riedel wurden nie protokolliert. Wir sind in Einzelfällen aber aus Neumanns Korrespondenz mit Friedrich Karl darüber indirekt informiert. Es verwundert nicht, dass die nicht seltene häufige Umgehung hierarchischer Strukturen und Gepflogenheiten für bürokratische Flatulenzen sorgte. Andererseits zeigt sich in solchen Konflikten Neumanns organisatorische Kompetenz.

HANDWERKER UND FRONARBEITER

Der Baumeister hatte inzwischen eine gut funktionierende Bauorganisation um sich herum aufgebaut, und die Kommunikation zwischen ihm und den einzelnen im ganzen Land verstreuten Baustellen funktionierte in der Regel sehr gut. Die Hofkammer war angehalten, alle 14 Tage die eingegangenen Handwerkerrechnungen auszuzahlen. Dazu sprachen die Meister von den Baustellen auf dem Land in Würzburg regelmäßig persönlich vor. Dies bot zugleich die Chance, mit Neumann direkt das eine oder andere Detail zu klären.

Es gab auf den Baustellen aber nicht nur bezahlte Handwerker. Vor allem im Befestigungsbau waren Fronarbeiter oder Schänzer, die auf diese Weise ihre Steuerschulden abarbeiteten, und sogar Strafgefangene im Einsatz. Immer wieder versuchten sich die zur Fron verpflichteten Untertanen dieser lästigen Arbeit zu entziehen und schickten als »Ersatz« Alte und Gebrechliche oder sogar minderjährige Kinder und Frauen, die für die schwere Arbeit am Bau selbstverständlich ungeeignet waren.

Nicht selten gab es Unfälle auf den Baustellen. So notiert etwa die Rechnung von Werneck 1742/43 Krankheitskosten für »einen Zimmergesellen, welcher Vom neüen Schlossbau herunter und in eine Klammern gesprungen«. Der Bader Cosmas Hubert in Zeuzleben wurde bezahlt, einen »Tachdeckers

Frondienste am Beispiel von Schloss Werneck
Von der Vielfalt der im Frondienst zu leistenden Handlangerarbeiten gibt eine Aufstellung für Schloss Werneck von 1743 anschaulich Auskunft:
»Folgen die Fröhne, welche weg hiesig neüen Wernecker Schlossgebaüß, remisen und Fasanen garthen neüerlich die unterthanen zu Werneck verrichten müssen. Alß
1. Das Flosholtz zu Garstatt auß dem wasser schlaiffen zu helffen.
2. Die Vom Flosholtz abfallende Spän zusammen zu lesen.
3. Die Stauden zu denen remisen und Fasanen garthen in denen Waldungen zu graben, beyzuführen und wieder zu setzen.
4. Das Flosholtz und Sand, dann Ziegel, backstein, Kalch, Schiefferstein etc: zum neüen Schloßbau zu führen.
5. Die Ziegel, gebackhene stein, Schiefferstein, bretter, und latten zum Schlossbau zu tragen.
6. Im Fasanen garthen den Sand aufzuhauen, auch daselbsten ausserhalb des angelegten gemüßgarthen für die Fasanen Krautpflantzen zu setzen und zu brachen.
7. Das Baugeschirr, Klammern, Schlauden etc: von Würtzburg zum neüen Schloßbau hirher auf Werneck zu führen.
8. Die Früchten für die Fasanen zum Fasanen Hauß zu führen.«

Jungen Von Wirtzburg welcher 3. stockwerck hoch vom hiesigen neüen schlossbau heruntergefallen, einen arm zerbrochen, das Creütz verdorben, wieder zu Curiren«. 7 Gulden bekamen Melchior Lehner und Andres Zehner, um einen »Herrschafftl. Taglöhner nahmens Caspar Multner, welcher seine zwey Füß erfrohren, wieder zu curirn«. Gelegentlich waren solche Unfälle sogar tödlich: In Würzburg starb 1741 ein Schanzer bei einem Erdrutsch, während einer Frau die Erdmassen beide Beine abquetschten. Außerdem wurden 1742 zwei Schanzer verschüttet und starben.

KOMMUNIKATION UND DELEGATION

Im Laufe der Jahre hatten sich auf Neumanns Baustellen bestimmte Abläufe unter der Führung der Handwerksmeister, auf die Verlass war, eingespielt und nur die gelegentliche Aufsicht durch den Architekten erforderten. Bei bestimmten Bauabschnitten war jedoch Neumanns persönliche Anwesenheit notwendig. Dazu gehörte in aller Regel das Ausstecken des Gebäudes mittels Schnurgerüst als Grundlage aller nachfolgenden Arbeiten. Eine weitere, sehr wichtige Etappe bildete das Einrichten der Gewölbe und der Leergerüste, die Neumann stets persönlich überwachte. So war er 1733 beim Bau der Schlossbrücke in Werneck gerade noch rechtzeitig vor Ort eingetroffen, »sonsten wehre mit der brucken oder vielmehr bey der Eingebogenen rundung etwaß gefehlet wordten«. 1743 kündigte er zum Beispiel an, dass er »auf Kitzingen gehen muß, weilen zu den Kirchen gewöhlm die bögen gesetzt werden«. Prompt passierte nach dem Tod des erfahrenen Gewölbebauers Fischbacher in Werneck 1745 ein »fehler in einem Creytzgewöhlm«, weil sich Neumann »auf der wittib ihren gesellen nicht gantz verlassen« konnte.

ABRECHNUNGEN UND VERGABEMODALITÄTEN

Im Normalfall sollten, wie gesagt, die Handwerker- und Materialrechnungen nach der Bestätigung durch Balthasar Neumann innerhalb einer Frist von 14 Tagen bezahlt werden. Doch nicht jede solchermaßen genehmigte Rechnung passierte die Hofkammer beziehungsweise dessen Zahlamt sofort und wurde angewiesen. Offenbar scheint Neumann immer wieder schneller gebaut zu haben, als die Hofkammer finanzieren konnte. Gelegentlich kamen Zweifel über den Umfang der geleisteten Arbeit auf, und manchmal setzte die Hofkammer andere Prioritäten im Zahlungsmodus als Neumann. Der Baumeister musste somit häufig zusätzliche Erklärungen abliefern.

Um den lästigen Aufwand mit den vielen Abrechnungen etwas erträglicher zu gestalten, wurde für den Schlossbau Werneck mit dem 1732 aus Haßfurt nach Würzburg zugewanderten, vor allem als Spezialist für den Gewölbebau ausgewiesenen Maurermeister Joseph Fischbacher ein Generalbauvertrag geschlossen. Trotzdem fehlte es nicht an Querelen: So waren im Jahr 1742 die Abrechnungen für die Zeit von 1737 bis 1740 von der Hofkammer wegen angeblicher nicht beauftragter Mehrkosten noch nicht »adjoustirt« worden. Als Fischbacher wegen ausbleibender Zahlungen das Geld auszugehen drohte, argumentierte die Hofkammer keck, dass »Er werckhmstr fischbach dabey den angeblichen einbuß nicht haben kan, anerwogen, dieser vor sich anfangs kein vermögen gehabt, und dannoch inzwischen Neue Häuser gebauet, auch die Keller mit Wein angefüllet, und sonsten noch wohl gelebet, und seine sachen darneben nicht schlecht angeschafft habe«. Indirekt klingt in solchen Formulierungen der Verdacht durch, dass Fischbacher unsauber kalkuliert habe. Schließlich drängte der Fürstbischof auf einen Vergleich, und Fischbacher erhielt mit fünf Jahren Verzug sein Geld. Auf dem Höhepunkt seiner Macht attestierte Friedrich Karl von Schönborn seinem Baumeister Neumann 1743 schließlich, »also hat Camera ohne des Obrist Neümann parere und meinem Vorwissen in hiesigen oder Wernecker Bausachen nichts weiters zu Verordnen«.

MATERIALTRANSPORTE

Fast den meisten Organisationsbedarf im Bauwesen erzeugte die Logistik der Materialtransporte. In der Regel sollten sie als Fronfuhren durch die Untertanen mit ihren eigenen Gespannen erbracht werden. Diese Lösung war für die Hofkammer am günstigsten. Vor allem in der Erntezeit benötigten die Untertanen ihre Gespanne aber selbst. Deshalb fehlten im Spätsommer und im Herbst immer wieder die notwendigen Fuhrwerke für das Bauwesen. Häufig wurden für die tonnenschweren Transporte aus den Steinbrüchen etwa in Abtswind besonders leistungsfähige Wagen und viele Pferde als Vorspann benötigt, die nicht immer termingerecht zur Verfügung standen. Waren die Fronverpflichtungen der Untertanen erfüllt und Neumann wollte weiterbauen, konnte er bezahlte Fuhren beauftragen, was die Hofkammer aber aus Geldmangel häufig genug verbot. Zur äußersten Not konnte er auch auf herrschaftliche Gespanne zurückgreifen, bei denen er sich aber immer wieder in Konkurrenz zu den Arbeiten an der Fortifikation begab, die im Zweifelsfall Vorrang hatte.

Große Teile des Materials wurden auf dem Main transportiert. Das Bauholz kam mit den Flößen aus Oberfranken. Das galt nur für Nadelbäume. Im Falle der schweren Eichenhölzer, wie sie beispielsweise im Spessart wuchsen, ging das nicht, denn diese schwimmen wegen ihres spezifischen Gewichts schlecht und lassen sich nur *auf* den Flößen transportieren, oder sie mussten aus dem Wald gar mit Fuhrwerken auf die Baustellen gebracht werden. Stets war Neumann auf der Suche nach selteneren Hölzern, wie Nussbaum, der für Vertäfelungen im Innenausbau benötigt wurde, und kaufte davon gerne auf Vorrat.

Der Schiefer für die Dächer stammte ebenfalls aus Oberfranken, während die Ziegel in großen Mengen in provisorischen Öfen direkt an der Baustelle hergestellt oder aus dem benachbarten Zell angeliefert wurden. Ähnlich wurde der Kalk vor Ort gebrannt. Den Tuffstein für die Gewölbe bezog Neumann aus Homburg am Main. Er wurde wie Hausteine und andere Materialien per Schiff auf dem Main oder gar auf dem Rhein möglichst in die Nähe der Baustellen geschafft. Für spezielle Materialien, wie weißen Marmor aus Carrara, roten Marmor aus dem Salzburger Land oder andersfarbigen Marmor aus einem Steinbruch bei Katzenellenbogen und manches mehr hatte der Baumeister seine Netzwerke quer durch Europa gespannt.

Zum Anlanden der Transporte auf dem Main musste Neumann im Falle von Schloss Werneck bei Garstadt eine Floßbeziehungsweise Schiffslände mit Zimmerplatz bauen, von wo das Material über eine provisorische Baustraße nach Werneck geschafft wurde. Immer wieder kam es jedoch vor, dass der Main zu wenig Wasser führte, um Schiffe oder Flöße zu tragen, und dann war oft wochenlanges Warten angesagt. Nicht nur in solchen Fällen bedurfte es also Neumanns ganzen Geschicks, um stets das notwendige Material in der richtigen Menge auf der Baustelle vorrätig zu haben, damit die jeweilige Maßnahme nicht ins Stocken geriet.

4 Residenzen, Schlösser und Klöster

DIE WÜRZBURGER UND ANDERE RESIDENZEN

Balthasar Neumann hat zeitlebens eine Vielzahl von Residenzen, Schlössern und Klöstern geplant und gebaut. Auch als Gutachter war er oft gefragt, wenn es galt, knifflige Detailprobleme auf fremden Baustellen zu lösen. Im Zentrum der folgenden Seiten steht die Würzburger Residenz, ein Bau, der sein gesamtes Leben als Baumeister bestimmt und geformt hat. Als sogenannte »Zweitfrucht« dieser Residenz entstand ab 1733 Schloss Werneck: als Sommerresidenz für Friedrich Karl von Schönborn sowie als Jagdsitz der Würzburger Fürstbischöfe. Immer wieder hat Neumann die anderen Fürsten und Herren aus dem Hause Schönborn bei deren Schlossbauten beraten. Sein Rat als Architekt war zudem bei vielen weiteren Regenten im ganzen Reich gefragt. Für den Adel und für manchen Prälaten hat er ebenfalls Schlösser und Klosteranlagen gebaut oder geplant.

Die Würzburger Fürstbischöfe residierten zu Beginn des 18. Jahrhunderts noch immer in der aus dem Mittelalter stammenden Festung Marienburg hoch über der Stadt. Bereits Julius Echter (reg. 1573–1617) hatte dem 1576 von ihm gestifteten Juliusspital einen Fürstenbau als Stadtresidenz angefügt, um dort wenigstens zeitweise Hof zu halten. Aber der Dreißigjährige Krieg verhinderte weitergehende Pläne zunächst. Das bald nach dessen Wahl für Fürstbischof Johann Gottfried von Guttenberg (reg. 1699–1719) nach Plänen von Antonio Petrini gebaute Schlösschen am Rennweg scheint jedoch nie genutzt worden zu sein. Unmittelbar nach seiner Wahl setzte Fürstbischof Johann Philipp Franz von Schönborn (reg. 1719–1724) alles daran, den Umzug in die Stadt endlich zu vollziehen. Obwohl mit Ingenieurhauptmann Andreas Müller ein erfahrener und ranghöherer Baumeister im Dienst des Hochstifts stand, war es der junge Balthasar Neumann, der 1719 in Schönborns Auftrag erste, anfangs noch vergleichsweise bescheidene Pläne zur Würzburger Residenz ausarbeitete. Sie sahen einen Flügelbau um einen Ehrenhof mit je einem Binnenhof beidseits vor. Schon in diesem Stadium war somit der Gedanke eines

»Zwillingsschlosses«, verbunden durch das Corps de Logis, erkennbar herausgearbeitet. Diese Pläne hatte Neumann bei sich, als er im Herbst 1719 den Mainzer Kurfürsten Lothar Franz von Schönborn (reg. 1693–1729) in dessen Privatschloss zu Pommersfelden aufsuchte. Der lobte die rasche Auffassungsgabe und versprach »sich viel von Neumann«. Zu der Zeit weilte Reichsvizekanzler Friedrich Karl von Schönborn, der später als Fürstbischof von Würzburg und Bamberg von 1729 bis 1746 Neumanns wichtigster Auftraggeber werden sollte, ebenfalls in Pommersfelden und nahm auch sofort Anteil an der Planung der Residenz.

PROJEKT DER FAMILIE SCHÖNBORN?

Obwohl noch jung und ohne Erfahrung mit einem so großen Projekt, scheint sich Neumann also früh den Respekt vor allem von den beiden erfahrenen Bauherren Lothar Franz und Friedrich Karl von Schönborn in Mainz und Wien verschafft zu haben. Auf der anderen Seite betrachtete Lothar Franz die geplante Residenz in Würzburg offenbar wie selbstverständlich von Anfang an als ein Projekt der Familie Schönborn – und nicht alleine des Fürstbischofs und Herzogs in Franken – und versuchte, sofort unmittelbar Einfluss darauf zu nehmen. Er traute seinem selbstbewusst auftretenden Würzburger Neffen in solchen Baufragen nämlich nicht sehr viel zu. So donnerte der Oheim am 2. Januar 1720 nach Wien: »Inzwischen wäre es freilich gueth, wann der h. bischof per rapport seines bauwurms ein wenig besser die architectur undt die riß verstehen, einfollg[lich] nicht sogleich ex cathedra darüber decidiren thethe.« Eine Woche später setzt er noch härter nach: »Was nun den würzburgischen neuen residenzbau betrifft, so förchte ich, der dahsige h. bischoff werde den bauw verpuschen [*sic!*] undt verderben, indem er allzu sehr hierin auff seiner opinion pleibet undt thuet den handel einmahl nicht recht verstehen.«

Lothar Franz beriet sich in Bauangelegenheiten insbesondere mit seinem Lieblingsneffen, dem in Wien residierenden Reichsvizekanzler Friedrich Karl. Er war der einzige, den er als ebenbürtigen Gesprächspartner angesehen hat. Alle an-

Ehrenhof der Würzburger Residenz.

deren dürften in seinen Augen so etwas wie Erfüllungsgehilfen gewesen sein. Beide Schönborns hatten schon manchen Bau errichten lassen: Lothar Franz hatte unter anderem Schloss Weißenstein ob Pommersfelden erbaut, und Friedrich Karl vollendete gerade Schloss Schönborn in Göllersdorf bei Wien. Es fällt dabei auf, dass Lothar Franz und Friedrich Karl von Schönborn sich zwar in ihrer kritischen Haltung gegenüber dem Würzburger Fürstbischof stets einig waren, aber im Hinblick auf die Planungen zur dortigen Residenz durchaus jeweils eigenständige Positionen und Ziele vertraten. Lothar Franz verstand sich als Bauherr mit architektonischem Sachverstand, der, wie zuvor schon in Pommersfelden, zeigen wollte, dass man nicht nur am Kaiserhof, sondern auch im Reich hervorragend bauen konnte. Friedrich Karl hingegen vertrat nach anderthalb Jahrzehnten in Wien die dortigen Vorstellungen höfischen Bauens, die weit entfernt von jeglichem Pragmatismus waren.

»BAUDIRIGIERUNGSGÖTTER« UND ARCHITEKTEN

Beide hatten dabei jeweils einen eigenen Kreis von Bauverständigen um sich versammelt, die sie auf unterschiedliche

Weise stets einbezogen: Es gab die adeligen Kavalierarchitekten in der Entourage um Lothar Franz: Hans Georg Freiherr von Rotenhan (1675–1746), Philipp Christoph Reichsfreiherr von und zu Erthal (1689–1748) und Anselm Franz Reichsfreiherr von Ritter zu Groenesteyn (1692–1765). Diese, von Lothar Franz gelegentlich einmal eher despektierlich so genannten »Baudirigierungsgötter« waren in erster Linie beratend tätig und wirkten häufig als seine »Augen« und »Ohren« bei den Planungsbesprechungen mit, an denen er selbst nicht teilnehmen konnte oder wollte. Außerdem verfügten sie als geschickte Netzwerker über wichtige Kontakte im ganzen Reich und weit darüber hinaus.

Lothar Franz und Friedrich Karl hatten aber auch ausgewiesene Fachleute an ihrer Seite, die mit ihrer Expertise direkten Einfluss auf die Würzburger Planung nehmen sollten: Das waren vor allem der durch seine Bauten für Mainz und Bamberg bekannte Architekt und Ingenieuroffizier Maximilian von Welsch (1671–1745) sowie der kaiserliche Hofarchitekt Johann Lucas von Hildebrandt (1668–1745) aus Wien. Bis zu seinem Tod einbezogen war auch der Architekt des Kaisers Johann Bernhard Fischer von Erlach (1656–1723). Ferner spielte anfangs als Praktiker noch der Bamberger Hofbaumeister Johann Dientzenhofer (1663–1726) eine Rolle.

Fürstbischof Johann Philipp Franz wusste das Interesse seines Onkels, im Würzburger Bauwesen mitzumischen, hingegen auf seine Weise geschickt (aus)zunutzen und »lieh« sich mehrfach dessen Architekten Maximilian von Welsch aus, insbesondere zum Ausbau seiner Fortifikationen in Würzburg und Königshofen. Ein noch immer sichtbares Ergebnis ist der Rundbau des Maschikuliturms als ein der Festung südwestlich vorgelagertes Bollwerk. Eine Zeitlang sah es sogar so aus, als wollte er Welsch als Festungsbaumeister ganz nach Würzburg locken. Dem setzte aber Lothar Franz einen Riegel vor, der Welschs Erfahrung in den damals kriegerischen Zeiten entlang des Rheins selbst benötigte. Ohnehin hätte Johann Philipp Franz es lieber gesehen, wenn Welsch noch stärker bei der Planung der Residenz involviert worden wäre. Mitte

April 1720 grantelte er gegenüber Friedrich Karl: »Mit dem h. bischoff ist seines bau hallbers fast nicht auszukommen undt eben hat er es mit dem von Erthal und obristl. Welsch gemacht, welche, nachdem er nuhn sie seith dem neujahr occupiret undt sie bei 6 wochen zu Würzpurg gehabt undt auff dem landt herumbgeschickt, jedem von ihnen endlich 45 ducaten geschenkt, worüber ich mich dann von hertzen geschähmet, indem es ja nicht einmahl vor ein present vor eine simplen werkmeister, der nuhr ein wenig ein riss verstehet, passiren kann.«

NEUMANN ZWISCHEN HILDEBRANDT UND WELSCH

Auf der anderen Seite entwickelte Friedrich Karl von Wien aus sofort mit seinem vertrauten Architekten Johann Lucas von Hildebrandt – in der Korrespondenz gerne Jean Lucca genannt – Parallelplanungen zu dem, was Onkel und Bruder sich in Sachen Würzburger Residenz ausdachten. Er hatte dabei aber das Problem, dass er in Wien weit weg war vom Ort des Geschehens und nicht persönlich bei den Planungskonferenzen eingreifen konnte. Immer wieder bot er Johann Philipp Franz an, Johann Lucas von Hildebrandt nach Würzburg zu senden. Der traf schließlich Anfang November 1719 aus Pommersfelden kommend in Würzburg ein. Friedrich Karl schrieb dazu im Vorfeld an den Würzburger Fürstbischof und Bruder: »Ich bitte E. fl. Gn. versäume die gelegenheith nicht, diesen habilen man, der kostbahre und wohlfeile gebau machet, teste meiner güther und p. mesnager le terrain, la propreté, et le modern seines gleichen nicht hatt. Umb 100 ducaten können E. fl. Gn. Von ihme profitiren, daß die ganze posterität Ihro obligation und Dero memorie das recht hatt, etwas fürstliches und rechtschaffenes gemacht zu haben. Lassen E. fl. Gn. Sich ahn dem pto der ohnkosten nicht schrecken, sondern geben Sie lieber etliche jahr zu, wie es der praelath von Göttweig und der kaiser jetzt selbst machet und machen pro dignitati tanti episcopatus et principis was rechtschaffenes.« Gleichwohl taten sich Johann Philipp

Franz und Hildebrandt bei ihren Planungsbesprechungen schwer und gerieten wohl auch immer wieder über Einzelfragen in Streit. Trotzdem bedankte sich der Fürstbischof bei dem Architekten für dessen Arbeit an den Entwürfen für die Residenz über Friedrich Karl »mit überschickung einiger metaillen von meinem gepräg«.

Gelegentlich wurden im Planungsdiskurs größere Geschütze aufgefahren. So scheute sich der Reichsvizekanzler nicht, gegenüber seinem Würzburger Bruder alleine dadurch Druck aufzubauen, dass er davon berichtete, wie er dem Kaiser höchstpersönlich sowie seinem Freund Prinz Eugen seine mit Hildebrandt ausgearbeiteten Entwürfe zur Würzburger Residenz vorgestellt habe. Schließlich mag er wohl insgeheim zugleich darauf spekuliert haben, dass er dereinst selbst Fürstbischof von Würzburg und Bauherr der Residenz werden könnte.

Häufig aber war es der schlaue Fuchs Lothar Franz, der zu Lebzeiten seine Ideen immer wieder durchsetzen konnte. Obwohl er ständig über die Beratungsresistenz seines Würzburger Neffen schimpfte, war es ihm doch gelungen, mit Welsch, Erthal, Rotenhan und Groenesteyn einen Kreis von seinen Getreuen um Johann Philipp Franz aufzubauen, mit dem er, ohne persönlich anwesend zu sein, zu seinen Lebzeiten prägenden Einfluss auf die Würzburger Residenz nehmen konnte.

Friedrich Karl brachte bei Würzburger Planungen früh schon Johann Lucas von Hildebrandt ins Spiel. Entwürfe von ihm zur Würzburger Residenz, zur Schönbornkapelle am Dom der Bischofsstadt oder zum Sommerschloss in Werneck sind erhalten. Sie zeugen von den beharrlichen Versuchen des Reichsvizekanzlers, von Wien aus Neumanns Planungen in seinem Sinn zu gestalten.

Angesichts dieser Vielzahl von Bauherren, Baumeistern und Kavalierarchitekten hat die Kunstgeschichte versucht, die Anteile der an Planung und Bau der Residenz Beteiligten zu trennen. Dabei ist dieses in der Fachwelt so bezeichnete »kollektivistische Problem« letztlich von marginaler Bedeutung; entscheidend ist das Ganze, das im Falle von Neumann

Bauten stets mehr ist als ein Puzzle aus vielen genau konturierten Einzelteilen! Man kann vielleicht zusammenfassend festhalten, dass in den Anfangsjahren bis zum Tod des ersten Bauherrn Johann Philipp Franz von Schönborn 1724 der westliche Einfluss von Lothar Franz von Schönborn und seinem Architekten Maximilian von Welsch stärker war und seine Spuren hinterlassen hat. Nach dem Tod des Mainzer Kurfürsten 1729 und der Wahl Friedrich Karls von Schönborn zum Fürstbischof in Würzburg war der Einfluss der Wiener Partei mit Lucas von Hildebrandt stärker. Mit dem Rückzug des Fürstbischofs aus seinem Amt als Reichsvizekanzler und dessen Umzug von Wien nach Würzburg 1734 gelang es Neumann, sich zunehmend als führender Architekt zu emanzipieren. Seine besondere Leistung bestand darin, die Fülle von Anregungen und Einflussnahmen mit seiner besonderen »synkretistischen Begabung« in ein künstlerisches Ganzes zusammengebunden zu haben.

Anfangs überrascht das geradezu sture Beharrungsvermögen von Johann Philipp Franz von Schönborn auf seinen Vorstellungen vom Bau der Residenz. Trotz der ungeheuren Summe, die er dem untreuen Gallus Jakob »verdankte«, ließ er dieses Geld nur teilweise in den Schlossbau fließen und verstärkte damit zugleich die Fortifikationen Würzburgs und Königshofens.

Einen Einblick in die verfahrene Lage bei der frühen Planung der Würzburger Residenz vermittelt ein Brief von Lothar Franz aus Mainz an Friedrich Karl nach Wien vom 6. Februar 1720: »was Ep. Herbip. [der Bischof von Würzburg] noch in seinem bauwesen werde Vernehmen wollen, ist mir dato uhnbekandt, Es scheinet aber er wolle es auff die Verschiedene riss ahnkommen lassen, beVor sich recht zu determiniren, ich undt der Von Erthal nebenst dem Obrist Leutenant welsch, stümpelen auch ein wenig was zusammen, ob wir aber es treffen werden, und wer das praemium Endlich davon tragen wirdt, wer kans wissen, herr Magister, zu wünschen wäre, das der herr bauherr ein wenig eine mehrere Ideam Von der bau kunst hette, den maastaab besser Verstünde, vndt nicht allzu sehr auff seine gedanken Versessen wäre, in dem er Ein mahl keinen grundriss Verstehet, undt sich doch nicht gern will wiedersprechen lassen, wie wohlen ich doch hierbey melden muess, dass er unsere hiessige concepten noch nicht gesehen hatt, Vnterdessen wird er seinen ingenieur Neuman schwehrlich [nach Wien] hinunder schicken, in dem er Ihme Viele schlechte concepten reysen undt zu papier bringen mues, allso das ich glaube, dieser guethe mensch werdte noch blindt darüber werden, diesem guethen menschen aber wohl zu gönnen were, das sein herr ihn noch hinaus schicken undt ihn was solides lernen liese.«

NEUMANN EMANZIPIERT SICH

Ohne dass sich das im Detail belegen lässt, spielte Neumann bei den diversen Planungen der einzelnen Parteien anfangs offenbar vor allem die Rolle des Übermittlers der jeweiligen Positionen. Später agierte er zunehmend als geschickter Vermittler, der ab den 1730er Jahren mehr und mehr seine eigenen Planungsgedanken durchzusetzen verstand. Bis dahin war es aber ein langer Weg. Dem bei der Führung großer Baustellen noch unerfahrenen Neumann wurde zu Beginn eine Art »Geschäftsführer« an die Seite gestellt. Diese Rolle hatte beim Bau von Pommersfelden erfolgreich der mit Lothar Franz von Schönborn vertraute Jesuitenpater Ignatius Loyson übernommen. Der war an der Aufgabe zwar interessiert, wollte aber mit dem notwendigen Zahlungsverkehr auf einer Baustelle nichts zu tun haben. Mitten in den Verhandlungen über seine Anstellung starb P. Loyson am 22. Januar 1720 überraschend in Wien. Da die Riege der Kavalierarchitekten für solche Alltagsarbeit nicht zur Verfügung stand, musste Lothar Franz, um auf das Würzburger Bauwesen weiterhin direkten Einfluss nehmen zu können, auf seinen Bamberger Hofbaumeister Johann Dientzenhofer zurückgreifen, der tatsächlich gerade noch rechtzeitig vor der Grundsteinlegung als Bauinspektor der Residenz eingestellt wurde. Obwohl er laut Anstellungsvertrag nur exklusiv für Würzburg tätig werden durfte, bediente er – mit Wissen und Wollen seines Chefs Lothar Franz – seine alten

Balthasar Neumann, Längsschnitt durch die Hofkirche der Würzburger Residenz, 1732.

Baustellen fortan einfach weiter. 1723 schloss er darüber hinaus mit Fürst Löwenstein-Wertheim einen Vertrag über den Neubau von dessen Schloss Kleinheubach. Ab 1721 hinderte ihn zunehmend eine Erkrankung an der Erfüllung seiner Verpflichtungen. Er starb am 20. Juli 1726.

VOM WERDEN DER RESIDENZ

Anfang 1720 wurde das Schlösschen am Rennweg abgetragen, um Platz für den Bau der Residenz zu schaffen. Am 22. Mai fand deren Grundsteinlegung im Nordflügel statt. Inzwischen waren auf Anregung Maximilian von Welschs der Planung zwei Binnenhöfe hinzugefügt und ovale Pavillons (statt eckiger) in der Mitte der Nord- bzw. Südflügel entworfen worden. Das Nordoval sollte die Hofkirche aufnehmen. Ende 1723 waren große Teile der Stadtfront des Nordschlosses fertig, und der Nordwestpavillon stand unter Dach. Damit war gegen den erklärten Widerstand von Lothar Franz die charakteristische Gliederung der Residenz in vier Geschosse festgelegt: Jeweils ein Haupt- und ein Zwischengeschoss werden von einer Pilasterordnung übergriffen. Lothar Franz wehrte sich weniger aus ästhetischen Überlegungen gegen ein Mezzanin über dem Erdgeschoss, sondern insbesondere aus Gründen der *commodité*, der Bequemlichkeit: Das von ihm kritisierte Zwischengeschoss erforderte mehr Treppenstufen, um zum Hauptgeschoss emporzusteigen und das, so seine Argumentation, fiele einem älter werdenden Fürstbischof als Hausherrn zunehmend schwer. In der Tat ließ sich später der allerdings stark übergewichtige Fürstbischof Adam Friedrich von Seinsheim (reg. 1755–1779) in den letzten Lebensjahren von seinen Heiducken in einem Tragstuhl die Treppen der Residenz emporhieven.

Erst nach der Grundsteinlegung und Setzung der ersten Fundamente und Mauern wurde Neumann 1723 auf eine Studienreise nach Paris geschickt. Robert de Cotte und Germain Boffrand, die beiden königlichen Architekten, berieten ihn vor allem bei der Lage der Hofkirche. Ferner brachten sie ihn davon ab, zwei symmetrische Treppenläufe zu beiden Seiten des Vestibüls zu bauen. Besonders aber waren sie Spezialisten in Fragen der Zweckmäßigkeit der inneren Aufteilung der Räume. Nach seiner Rückkehr konnte Neumann diese Erkenntnisse nicht sofort in die Tat umsetzen, denn 1724 starb unerwartet Johann Philipp Franz von Schönborn. Sein Nachfolger Christoph Franz von Hutten (reg. 1724–1729) ließ – wie weiter oben beschrieben – an der Residenz aber nur die notwendigsten Arbeiten ausführen.

Nach Jahren des faktischen Stillstands am Bauwesen, wurde mit Friedrich Karl 1729 erneut ein Schönborn zum Fürstbischof in Würzburg gewählt. Der Reichsvizekanzler regierte zwar bis 1734 von Wien aus, trieb jedoch das seit 1724 brachliegende Residenzbauwesen voran und brachte dazu häufig die Planungsgedanken seines bewährten Wiener Architekten Johann Lucas von Hildebrandt ein. Zunächst im Nordoval geplant, wurde die Hofkirche nun in das Südschloss und zum Hofgarten hin verlegt. Es war jedoch Neumanns Grundgedanke, in die kastenartigen Mantelmauern des Bauwerks eine rhythmisierte Folge von drei Ovalrotunden einzu-

Gartenfassade der Würzburger Residenz mit Kaisersaalpavillon.

setzen. Sie lassen sich an der Positionierung der raumbildenden Säulen, ihren Basen und Kapitellen, sowie an den darüber aufgespannten Gewölben ablesen. Die vermeintlichen Gurte dort sind im stereometrischen Sinne als Schnitte durch die Schalen dieser Gewölbe aufzufassen. Die Stringenz von Neumanns Planung, vor allem bei der Lichtführung, wurde leider durch den von Hildebrandt später durchgesetzten Kniestock mit kannelierten Hermenpilastern zwischen Unterbau und Gewölbe und einer die Architektur geradezu überwuchernden Ausstattung mit Stuck von Antonio Bossi und Malerei von Rudolf Byß für die Anschauung massiv verändert.

Zwischen 1737 und 1739 baute Neumann vor allem am Kaisersaalpavillon und am Treppenhaus mit der Ehrenhoffassade. Hier zeigt sich der Einfluss Hildebrandts am stärksten, wie ein Vergleich mit dem von ihm errichteten »Oberen Belvedere« des Prinzen Eugen in Wien lehrt. Wie feinsinnig hat Neumann jedoch den Kaisersaalpavillon der Gartenfront in seine Gliederung wieder eingebaut! Hildebrandts kleinteiliger Ornamentierung wird durch die Säulenkolonnade entgegengewirkt. Im

Verein mit anderen Veränderungen erreichte Neumann, dass »blockhafte, tektonische Ordnung und plastische Gespanntheit der Dachung die Herrschaft über Musterung, Schichtung und Ornamentfigur gewinnen« (Erich Hubala).

DAS TREPPENHAUS

Eine besondere Leistung Neumanns ist das von 1737 bis 1739 im Rohbau errichtete und 1743 gewölbte Treppenhaus der Residenz: Er überkuppelte ohne Zwischenstützen einen 600 Quadratmeter großen Raum. Diese Idee schien manchen Zeitgenossen zu kühn, und Lucas von Hildebrandt zog die Tragfähigkeit des Gewölbes in Zweifel. Neumann bot ihm deshalb an, im Treppenhaus eine Kanone abzufeuern, um die Standfestigkeit seiner Wölbung zu demonstrieren. Hildebrandt lehnte ab, und so konnte der Bau erst 300 Jahre später – am 16. März 1945 – eine »Feuerprobe« bestehen: als das beim Angriff auf Würzburg von Fliegerbomben in Brand gesetzte Dachwerk darauf stürzte und das Gewölbe standgehalten hat.

Als Künstler aber schuf Balthasar Neumann mit der Treppe in der Würzburger Residenz den großartigsten Raumeindruck barocken Bauens. Zwei Elemente bestimmen diesen: Das eine wird in der Benutzung der Stiege erfahren durch das Emporschreiten aus relativer Dunkelheit in relative Helligkeit hinauf. Das andere bietet die Treppe als architektonische Figur dar: Säulen, Bogen und Gewölbe machen den Anstieg der Treppen im Wortsinn anschaulich. Der Bogen dient in dieser »fünfschiffigen Treppenhauskathedrale« als Leitmotiv, das die Säulen- und Gewölbearchitektur des Treppenhauses mit dem Vestibül verknüpft.

Dem Würzburger Treppenhaus ist das unmittelbar vom Inneren Ehrenhof zugängliche Vestibül vorgelagert. Dieser flach gewölbte Raum, in dem ursprünglich eine Kutsche einfahren und sogar wenden konnte, ist durch den Stuck des Frühklassizismus überformt worden.

An das Vestibül schließt sich nach Osten der original erhaltene Gartensaal an, der auf der einen Seite zum Hofgarten führte und auf der anderen Seite im Sommer Schutz vor der Sonne geboten hat. Der querovale, von einem Säulenkranz umstellte Raum mit baldachinartigem Hauptgewölbe geht auf eine Idee von Balthasar Neumann zurück. Die reifen Rokokostuckaturen schuf Antonio Bossi im Jahr 1749, und von Johann Zick wurde ein Jahr später das Fresko an der Decke gemalt. Es stellt das Göttermahl und die Rast der Diana dar.

Treppenhäuser – die Anlage von Treppen – sind eines der wichtigen Themen in Neumanns Œuvre. Abgesehen von den Entwürfen für die Wiener Hofburg von 1746/47, die nicht ausgeführt wurden, sei an die Treppenhäuser in Brühl, in Bruchsal oder an die späte Treppenanlage der Prämonstratenserabtei Oberzell vor den Toren Würzburgs erinnert. Von dem in der Mitte des 19. Jahrhunderts bei der Umwandlung in ein Nervenkrankenhaus vorschnell abgebrochenen Treppenhaus von Schloss Werneck wollen wir schweigen.

Wegen der kühnen raumschöpferischen Leistung des Treppenhauses der Würzburger Residenz war es nur konsequent, dass Tiepolo ihrem Erbauer Balthasar Neumann an genau dieser Stelle im Europa-Fresko ein Denkmal setzte (s. Abb. S. 31) und seinen Rang als Architekt für alle Zeiten dokumentiert hat: Kein anderer als Neumann galt den Zeitgenossen als der führende Baumeister in der damaligen Welt!

VOM TREPPENHAUS ZUM KAISERSAAL

Vestibül und Treppe der Würzburger Residenz boten viele Gelegenheiten zur Entfaltung des barocken Protokolls: Wen empfing der Fürstbischof direkt im Vestibül und wen auf dem Wendepodest? Von dort konnten an zwei Treppenläufen die hohen Herrschaften gleichberechtigt nach oben schreiten. Im Hauptgeschoss münden beide Läufe auf einen Umgang, der über zwei Türen zunächst in den Weißen Saal führt. Die 1744/45 von Antonio Bossi dort geschaffenen Stuckaturen mit ihren weißen auf lichtgrauem Grund gesetzten Gespinsten aus feinsten Rocailleornamenten verschaffen den Sinnen des Betrachters nach den starken Eindrücken des Treppenhauses gleichwohl so etwas wie eine Ruhepause. Hier antichambrier-

Treppenhaus der Würzburger Residenz vom Vestibül aus.

ten die hohen Gäste, bevor sie in den sogenannten Kaisersaal eintraten. Dort steigern sich Architektur und Ausstattung zu einem grandiosen Fortissimo. Dieser in den Jahren von 1737 und 1742 nach Balthasar Neumanns Plänen erbaute Raum bildet Höhepunkt und Herz der Residenz, an den sich im Norden und Süden die Parade-Appartements anschließen. Der in fürstbischöflicher Zeit als repräsentativer Speisesaal genutzte Raum nimmt Obergeschoss und zweites Mezzanin des Mittelpavillons der Gartenfassade ein. Eine mit rötlich marmorierten Säulenstellungen instrumentierte Architektur in diesem Piano nobile repräsentiert gewissermaßen die uns Menschen zugewiesene irdische Sphäre. Die Stuckierung des Antonio Bossi, vor allem jedoch die zwischen 1749 und 1753 geschaffenen Fresken des Giambattista Tiepolo im Gewölbe darüber steigern Dekoration und Decorum des Saales. Drei große Gemälde bieten sich dem Auge dar: An den Schmalseiten finden sich direkt über den Säulen jeweils die Belehnung des Würzburger Bischofs Herold durch Kaiser Friedrich Barbarossa und die Hochzeit des Kaisers mit Beatrix von Bur-

Neumanns Lob im Richtspruch der Würzburger Residenz

Die Würzburger Residenz war 1744 mit dem Dachwerk baulich vollendet. Beim Richtfest wurde Neumann besonders geehrt und als einziger Beteiligter im Zimmermannsspruch namentlich genannt: »Künstler und werckleuth hat hier gewiesen an / Ein grosser Fürsten-Sinn, der selbst mit eingesehen, / Wie all gemachlichkeit, nebst zierd und kunst bestehen, / Nach ihrem grund und riss, nach Theilung Maas und zoll, / Wie die erfahrnus lehrt, das ordnung stehen soll, / dem kame ferner zu, ein Obrist, haischt Neumann, / der jedermann belehret, was jeder recht will, / auch solches thuen kann.«

gund. Darüber, endgültig durch den Abstand von Raum und Zeit in eine überirdische Ebene erhoben, schwebt der Sonnengott Apoll, welcher der in einem von vier Pferden gezogenen Wagen erwartungsfroh sitzenden Personifikation der Beatrix von Burgund den Weg zum Genius des Reiches weist. In dem Fresko feiert sich das geistliche Hochstift Würzburg ein letztes Mal vor dem Hintergrund der nahenden Säkularisation als konstituierender Teil des Reiches und der Kaiseridee. Zugleich lassen diese Bilder Tiepolos keinen Zweifel daran zu, dass die Würzburger Residenz das große Finale in der Geschichte des europäischen Schlossbaues ist!

SOMMERRESIDENZ UND JAGDSCHLOSS IN WERNECK

Friedrich Karl von Schönborn machte sich bald nach seiner Wahl zum Fürstbischof von Würzburg auf die Suche nach einem Ort für eine Sommerresidenz, in der er seiner Jagdleidenschaft frönen und ausspannen konnte. Als Reichsvizekanzler in Wien hatte er sich seit 1711 durch Lucas von Hildebrandt in Göllersdorf ein Sommerschloss errichten lassen, das dem höchsten repräsentativen Niveau eines Fürsten seiner Zeit genügte. Dieses Schloss konnte er jedoch ab 1734 nach seiner endgültigen Umsiedlung nach Franken nicht mehr nutzen. Ersatz bot sich im Juli 1731 bei der obligaten Huldigungsreise durch das Hochstift Würzburg, bei der der Fürstbischof spontan Gefallen an der wildreichen Gegend um Werneck fand. Vermutlich aus Rücksicht auf die durch den Residenzbau ohnedies angespannten Würzburger Finanzen wollte er dort aber anfangs offiziell lediglich eine Fasanerie bauen lassen. Der passionierte Jäger hatte eine besondere Vorliebe für die Fasanenzucht, die er zuvor in Göllersdorf, in Schlosshof oder in Porrau ausgelebt hatte.

Normalerweise lediglich Dienstsitz eines Oberamtmannes am Rande des nur aus wenigen Häusern bestehenden Weilers, sollte das Schloss Werneck für einige Wochen im Jahr als Residenz und Jagdschloss eines in Bamberg und Würzburg in zwei Hochstiften regierenden geistlichen Fürsten dienen. Dazu musste es groß genug sein, um beide Länder von hier aus zeitweise regieren zu können; außerdem mussten Schloss und Garten dem Bedürfnis eines der Mächtigsten im Reich nach entsprechender Repräsentation genügen. Dies macht nicht nur die einstige Prachtentfaltung in den Staatsräumen, sondern auch die Größe der Anlage mit Verwaltungsräumen, Wirtschaftshöfen und Fasanengarten verständlich.

Bereits Anfang September 1731 berichtete Neumann, dass er »geschwind mit bley einen erstern gedancken« für das neue Schloss entworfen hat. Der damals die meiste Zeit noch in Wien residierende Fürstbischof beriet sich wegen der von Neumann für Werneck vorgelegten Pläne wie schon bei der Würzburger Residenz gerne mit seinem dortigen Architekten Lucas von Hildebrandt, der anfangs deshalb erheblichen Einfluss auf den Bau hatte. Noch vor Abschluss der Planungen begann Neumann mit der Anlage des Fasanengartens und eines Jägerhauses. Aus zunächst eher bescheidenen Anfängen entwickelte sich im Laufe der Planung die heutige weiträumige Anlage.

Immer wieder besuchte der Fürstbischof fortan die Baustelle und griff dabei häufig persönlich in die Planungen ein. Eingedenk seines zunehmenden Alters drängte er auf rasche

Fürstbischöflicher »Landschlendrian« im Sommerschloss

Friedrich Karl von Schönborn hoffte auf geradezu moderne Weise, dass in Werneck »ein bequäme und angenehme Gelegenheit sein werde, in denen beschwerlichen Regierungsgeschäften sich zuweilen eine vergnügliche Erleichterung zu verschaffen und das Gemüht bei frischer Luft und zur Gesundheit dienlicher Bewegung ergötzen zu können«. Adam Friedrich von Seinsheim war als Fürstbischof von 1755 bis 1779 ebenfalls gerne in Werneck. 1758 berichtete er seinem Bruder Joseph Franz: »Hier leben wir unseren Landschlendrian fort, den Vormittag bis um ein Uhr bringe ich mit Arbeit und der Kirch zu, halb vier Uhr gehen wir aufs Hünnerschießen, abends mache ich eine Partie d'ombre, nach welcher meine weitere Arbeit angehe, mein Gemüt ist dabey munter und die commotion meiner Gesundheit sehr verträglich.«

Fortschritte, und am 19. August 1743 musste Neumann deswegen ein fürstbischöfliches Donnerwetter über sich ergehen lassen: »Sonsten düncket unß, daß das hiesige Bauweeßen nicht wohl rutsche, es mag aber auch seyn, daß die Leüthe hier under der dornen seyn verstecket worden.« Trotzdem gingen 1745 die Wohn- und Repräsentationsräume allmählich ihrer Vollendung entgegen, alleine in der Kirche war, Neumann zufolge, »noch etwaß ahn der Stucador arbeit zu verfertigen, welches noch vor pfingsten wirdt geschehen«. Die Weihe der Schlosskirche bald darauf am 29. August 1745 markierte das vorläufige Ende der Arbeiten. Im Grunde hat der Bauherr von Werneck die Freuden des Landlebens und der Jagd dort aber nur selten genießen können. Obwohl Neumann stets mit Hochdruck gebaut hat, war die Sommerresidenz zu Lebzeiten Friedrich Karls eben doch die meiste Zeit Baustelle. Und kaum war das Schloss baulich vollendet, starb der Fürstbischof im Juli 1746.

Gartenfassade von Schloss Werneck.

Das Schloss ist von der heutigen Marktgemeinde Werneck durch den Kanal abgegrenzt, der entlang der Nordfassade verläuft. Balthasar Neumann hat dazu die Wern, die ursprünglich mitten durch die Fasanerie geflossen war, umgeleitet. Damit wollte der Baumeister die Fasanerie von Hochwasser freihalten, was ihm allerdings nie wirklich gelungen ist. Zugleich markiert der Kanal der Wern die Grenze zwischen dem öffentlichen Teil der Gemeinde und dem Quartier des Fürstbischofs. Über eine Brücke gelangt man durch ein freilich erst nachträglich eingebautes, aus Würzburg stammendes Portal aus Schmiedeeisen von der Hand des Hofschlossers Johann Georg Oegg in den Schlossbereich. Er gliedert sich in ein niedriges, ursprünglich ein-, seit dem 19. Jahrhundert zweigeschossiges Vorschloss mit Wirtschaftsgebäuden zu beiden Seiten der Einfahrt und das dreigeschossige Hauptschloss. Dieses umgreift auf drei Seiten einen Ehrenhof. Die Ecken dieser Dreiflügelanlage betonen Pavillons. An die Nahtstelle zwischen Pavillons und Schlossflügeln setzte Neumann die beiden das Schloss überragenden Türme. Ihre taillierten Kuppelhauben in ihrer typischen schlanken Form bilden deren krönenden Abschluss und künden weithin ins Land vom

Schloss Werneck. Sie dürfen aber auch als Symbole der beiden in der Person des Fürstbischofs vereinten Ämter des Herzogs von Franken und des Bischofs von Würzburg verstanden werden. Damit nehmen sie ein von dem »Zwillingsschloss« der Residenz her bekanntes Motiv wieder auf.

Die Gartenfassade hebt sich über einer zweifach gestuften Terrasse von der Ebene des einstigen Fasanengartens ab. Herz der Fassade ist der mittlere Pavillon. Er ist wie im Ehrenhof dreiachsig gegliedert, weist jedoch zusätzlich abgeschrägte, durchfensterte Ecken auf. Sein geschweiftes Mansarddach erhebt sich über einer niedrigen Attika aus Sandstein. Diese trägt auf ihrer Stirn einen ebenfalls geschweiften Giebel mit dem farbig gefassten Wappen des Fürstbischofs Friedrich Karl von Schönborn.

Die Anlage von Werneck war zu fürstbischöflichen Zeiten der Öffentlichkeit in verschiedenen Abstufungen zugänglich: Als Ganzes hat das Volk Schloss und Park jedoch nur aus großer Entfernung wahrnehmen können. Vom Dorf aus

Schlosskirche Werneck, Blick über den Hauptaltar hinweg in Richtung Orgelempore.

bildeten die flankierenden Gebäude in der heutigen Schönbornstraße bis zu deren Abbrüchen in der zweiten Hälfte des 20. Jahrhunderts ursprünglich eine Art Flaschenhals, so dass man das Schloss in seiner ganzen Größe erst unmittelbar hinter dem Portal bei der Wernbrücke sehen konnte. Es folgte ein Wirtschaftshof, in dem die Bauern und Schlossbediensteten ihrer Arbeit nachgingen. Die Grenze zum herrschaftlichen Schlossbereich markierten die Türme beidseits des Ehrenhofs. Die Kirche im nordöstlichen Pavillon war im Erdgeschoss noch halböffentlich, aber die Emporen im ersten Obergeschoss waren alleine dem Fürstbischof und seiner Entourage vorbehalten. Über den Ehrenhof gelangte man in das Corps de Logis als Herz der Anlage. In den seitlichen Flügelbauten im Erdgeschoss lagen die Verwaltungsräume. Ein repräsentatives, im 19. Jahrhundert für den Einbau eines Krankenhauses zerstörtes Treppenhaus führte in das Hauptgeschoss mit den Staatsräumen beziehungsweise den Appartements des Fürstbischofs und seiner Gäste. Die zum Garten hin gelegene Fassade des Schlosses ist die prächtigste der ganzen Anlage, und dieser Bereich bildete gewissermaßen auch das private Rückzugsgebiet des Fürstbischofs bei der Jagd.

Direkt vom Garten aus zugänglich, befindet sich die einstige Sala terrena. Von dort aus gelangte man über die Haupttreppe in den Hauptsaal darüber. Ursprünglich reichte er über zwei Stockwerke hinweg, und sein Gewölbe war von einem Gemälde des Anton Joseph Högler geziert. Vom Hauptsaal aus hat man den besten Blick auf die einstige Fasanerie. Vielleicht lässt sich daher der dem Garten zugewandte Balkon gar als eine Art idealisierter Hochsitz zur Beobachtung des Wildes deuten. Die heutige Parklandschaft stellt eine Veränderung der Anlage nach 1861 dar und wurde nach Überlegungen des damaligen Chefarztes Dr. Bernhard von Gudden von den Patienten der Nervenheilanstalt im Sinne einer Art Arbeitstherapie gestaltet.

Von Balthasar Neumanns Konzeption vermittelt insbesondere ein wohl von seinem Schüler Johann Michael Fischer nach 1744 gezeichneter Grundriss eine Vorstellung. Danach war der Fasanengarten in wenigstens vier »Erlebnisräume« gegliedert: Auf den Schlossterrassen lagen die Ziergärten. Westlich und östlich des Schlosses waren zwei Potagers, also Gemüsegärten. Den größten Raum aber nahm die Fasanerie ein, von der sich auf einer dem Schloss gegenüberliegenden Anhöhe eines von ehedem zwei Fasanenmeisterhäusern erhalten hat. Außerdem hätte ein Belvedere inmitten einer apsidenförmigen Ausbuchtung der Gartenmauer dort oben den *point de vue* bilden sollen, das aber nie verwirklicht wurde.

Schloss Werneck wurde nach der Säkularisation unter dem von Napoleon in Würzburg eingesetzten Großherzog Ferdinand von Toskana (reg. 1806–1814) Anfang des 19. Jahrhunderts modernisiert beziehungsweise nach der Umwidmung in eine Nervenheilanstalt nach 1853 gemäß den jeweiligen Bedürfnissen umgebaut. Deshalb hat sich als einziger Innenraum aus der Zeit Neumanns alleine die Kirche erhalten. Ihre weiter unten ausführlich dargestellte architektonische Struktur hat Antonio Bossi durch seine Stuckaturen betont und in der Kapitell- und Gewölbezone auf besondere Weise gesteigert. Mit dem Weißen Saal der Würzburger Residenz gehört der Wernecker Stuck zu den besten Arbeiten des genialen Bossi. Den Hauptaltar aus Stuckmarmor schuf er 1751/52. Das von Oswald Onghers gemalte Altarbild aus der Zeit um 1680 mit der Darstellung des »Portiunkula-Ablasses« gelangte erst im Jahr 1825 aus der Kapuzinerklosterkirche von Karlstadt nach Werneck. Neumann plante anfangs statt eines Altargemäldes eine Reliefplastik mit einem Engelsturz entsprechend dem Schutzengel-Patrozinium der Kirche. Diese Idee scheint jedoch zugunsten eines Bildes mit der Darstellung der »Himmelfahrt Mariens« aufgegeben worden zu sein. Die beiden Seitenaltäre sind Schöpfungen des Ludovico Bossi von 1766. Die vermutlich erst 1795 geschaffene Kanzel ist ein Werk des Materno Bossi.

Mit der Weihe der Schlosskirche 1745 hatte ein von Balthasar Neumann geschaffenes Hauptwerk der fränkischen Barockarchitektur seinen Abschluss gefunden, das wie kaum ein anderes Schloss im Hochstift Würzburg die persönliche Handschrift seines Architekten trägt. Während die Würzburger Residenz in den ersten anderthalb Jahrzehnten ihrer Erbauung stark von den Einflüssen anderer Architekten geprägt ist, die Neumann gleichwohl seinem künstlerischen Gesamtkonzept weitestgehend unterworfen hat, konnte er sich in Werneck spätestens ab 1734 eigenständig entfalten. Wie in der Würzburger Residenz wirkten ab 1729 nahezu die gleichen Künstler und Kunsthandwerker auch in Werneck mit.

In den kriegerischen Jahren am Ende des 18. Jahrhunderts spielte das Sommerschloss in Werneck kaum eine Rolle. Der Name von Fürstbischof Georg Karl von Fechenbach (reg. 1795–1803) ist mit dem Ende Würzburgs als geistlichem Staat verbunden. Während der Säkularisation fiel ein letztes Mal das Licht der großen Geschichte auf Werneck, als Fechenbach von hier aus als Würzburger Fürstbischof abdankte. Im Jahr 1853 wurde das 1814 an das bayerische Herrscherhaus übergegangene Schloss an den Kreis (heute Bezirk) Unterfranken verkauft und dann einer Nutzung als Krankenanstalt zugeführt.

FRÜHE SCHLÖSSER UND KLÖSTER

Neben Würzburg oder Werneck plante oder baute Neumann noch zahlreiche weitere Schlösser und Prälaturen, von denen die wichtigsten kurz vorgestellt werden sollen. Darunter war in Völkershausen im Kreis Rhön-Grabfeld das zwischen 1723 und 1731 durch Carl Freiherr von Stein errichtete Schloss. Neumann hat für den doppelstöckigen Rechteckbau mit Mittelrisalit und Mansarddach die eigenhändigen Pläne des Bauherrn begutachtet und nur redigiert.

Als »Außenposten« seiner Residenz in der Nähe zur Stadt Würzburg wollte sich Fürstbischof Johann Philipp Franz von Schönborn ab 1724 nach den Plänen Balthasar Neumanns das Jagdhaus Mädelhofen bei Waldbrunn erbauen lassen. Der zweigeschossige Rechteckbau mit Mansarddach und querovalem Hauptsaal kam über die Erdgeschossmauern nie hinaus und wurde nach Schönborns Tod 1724 von seinem Nach-

Wernecker »Hasen-Schlacht« von 1771

Kaum einer der auf Friedrich Karl von Schönborn folgenden Fürstbischöfe hat die Sommerresidenz in Werneck intensiver genutzt. Alleine Adam Friedrich von Seinsheim (reg. 1755–1779) hielt sich gerne zur Jagd hier auf. Im Spätherbst 1771 berichtet der Bamberger Geheime Kanzlist Endres anschaulich von einer solchen »Hasen-Schlacht«: Den 5ten Nov: das erste Haasen Jagen ausserhalb Werneck; Celsmus seynd ohnerachtet des Nebels um 11 uhr jedannoch selbsten dahin gefahren. Das 1te abschießen ware gleich unten an der Abdeckerey und wirden 60 Stuk und bey den 2ten 105. Stuk an nemlichen Ort erlegt, das 3te abschiessen ware unten in der Anhöhe des Wäldleins, wo aber nicht mehr denn 6. Haasen aufgetrieben und erschossen worden seind.«

folger aufgegeben. Reflexe der Planung könnten in Neumanns nie verwirklichtem »Belvedere« auf der Anhöhe des Fasanengartens von Schloss Werneck eingeflossen sein.

Ein großes Projekt war der unvollendete Bau des Augustinerchorherrenstifts von Heidenfeld am Main nahe der Reichsstadt Schweinfurt in den Jahren 1723 bis 1733. Drei der vier ausgeführten Flügel enthielten den Konvents- und den Propsteibau sowie im Norden der Anlage das Refektorium. Eine im vierten Flügel vorgesehene Stiftskirche wurde nie errichtet und dafür der alte Bau erhalten, der später als Opfer der Säkularisation abgebrochen wurde. Die Eckpavillons der dreigeschossigen Anlage sind durch Mansarddächer betont, während die Flügel dazwischen lediglich Satteldächer haben. Die strenge Gliederung der Fassaden mit flachen, dreiachsigen übergiebelten Risaliten und ionischen, zwei Geschosse übergreifenden Pilastern in den Flügelmitten spiegelt deutlich den Eindruck französischer Maisons der Studienreise von 1723 wider.

Ansonsten gibt es in diesen Anfangsjahren des jungen Architekten Neumann einige nicht verwirklichte Projekte für

Schlösser und Prälaturen, die belegen, wie weit damals schon sein Ruf ausgestrahlt hat. 1719 schuf er einen Riss für das durch Brand zerstörte Benediktinerstift Göttweig und erhielt dafür 12 Reichstaler. Der Baumeister machte für das ebenfalls nach einem Brand von 1720 umgestaltete Schloss der Stiftspröpste von Ellwangen Vorschläge. Im Jahr 1725 berief ihn der Hochmeister des Deutschen Ordens Franz Ludwig, Herzog von Pfalz-Neuburg, nach Mergentheim. Dort sollte das weitgehend aus der Renaissance stammende Schloss der Deutschherren großzügig erneuert werden. Da der beauftragte Ellinger Ordensbaumeister Franz Keller 1724 plötzlich verstorben war, war der Bau ins Stocken geraten. Neumanns 1726 vorgelegte Pläne kamen jedoch nicht zur Ausführung.

SCHLÖSSER UND PRÄLATUREN DER REIFEN JAHRE

Ein umfangreicheres Projekt hätte der unter Friedrich Karl von Schönborn geplante Abschluss der von seinem Vorgänger Lothar Franz begonnenen Neuen Residenz auf dem Bamberger Domberg werden können, der jedoch nie realisiert wurde. Der von Johann Leonhard Dientzenhofer 1695 bis 1702 errichteten Ehrenhofanlage fehlte noch der Westflügel am Ort der Alten Hofhaltung. Neumanns Entwürfe seit Oktober 1730 sahen unter anderem eine zweigeschossige Hofkirche mit Kuppel vor.

Für das 1728 bis 1733 als Witwensitz der Markgräfin Franziska Augusta Sibylla von Baden nach Plänen von Johann Michael Ludwig Rohrer erbaute Neue Schloss in Ettlingen nahm Balthasar Neumann als Gutachter Stellung.

Kardinal Damian Hugo von Schönborn ließ sich als Fürstbischof von Speyer seit 1720 nach Entwürfen des Mainzer Architekten Maximilian von Welsch in Bruchsal ein neues Residenzschloss, die Damiansburg, erbauen. Später war auch der Kavalierarchitekt Franz Anselm Freiherr Ritter von Groenesteyn beteiligt, mit dem sich Kardinal Schönborn aber wegen eines von ihm beim Corps de logis eingefügten Mezzanin überwarf. Balthasar Neumann war in dieser schwierigen Situation so etwas wie der Retter in der Not und wurde deshalb

Treppenhaus in Schloss Bruchsal.

ab 1728 bis zu seinem Tod bei allen wichtigen Bauentscheidungen um Rat gefragt. Ein Geniestreich des Architekten war 1731 das nach seinem eigenhändigen Modell gebaute Treppenhaus in der Mitte des Corps de logis mit zwei Lichthöfen beiderseits. Unter Berücksichtigung von Ritters Konzept baute Neumann das Treppenhaus über elliptischem Grundriss: Zwei Läufe mit Podesten umschließen im Erdgeschoss die Grottenhalle und vereinigen sich auf einer überkuppelten Plattform im Hauptgeschoss. Brückenartige Stege schaffen von dort die Verbindung zu den beiden oberen Sälen. Das im Zweiten Weltkrieg zerstörte Schloss wurde inzwischen vollständig rekonstruiert.

Als Fürstbischof von Bamberg genügte den hohen – vom Wiener Kaiserhof geprägten – Ansprüchen Friedrich Karls von Schönborn sein dortiges, von Antonio Petrini 1687 bis 1696 erbautes Sommerschloss Marquardsburg in Seehof nahe Memmelsdorf nicht mehr. Friedrich Karl war das »altmodische« Schloss einfach nicht kommod genug. Neumann musste deshalb 1730 Umbauten im Hauptgeschoss vornehmen. Damals wurde auch der Park neugestaltet. Die Orangerie beidseits des Memmelsdorfer Tores in der Nordachse des Parks baute Justus Heinrich Dientzenhofer zwischen 1733 und 1737 nach Plänen Balthasar Neumanns.

Hinter solchen Vorgaben baufreudiger Fürstbischöfe wollten Adel und Kirche nicht zurückstehen: 1735 ließ sich Ludwig Graf von Ostein nach Balthasar Neumanns Planungen das »Mainschlösschen« von Hallstadt bei Bamberg errichten. Bei dem Mansarddachbau handelte es sich um die Erweiterung eines bestehenden Gartenhauses um zwei Eckpavillons.

Wie schon bei seinen Planungen für Vierzehnheiligen stieß Balthasar Neumann ab 1739, spätestens ab 1742 auch in der Zisterzienserabtei Klosterlangheim erneut auf Abt Stephan Mösinger (reg. 1734–1751) und dessen leitenden Architekten Gottfried Heinrich Krohne. Anders als bei der Wallfahrtskirche blieb ihm hier der Erfolg verwehrt, da ihm der Rückhalt des Fürstbischofs fehlte. Die barocke Umgestaltung des Klosters war 1689–1691 wohl nach Plänen von Leonhard Dientzenhofer begonnen worden. Seit 1735 war Krohne damit beschäftigt. Neumann konnte in Klosterlangheim weder seine Planungen für den Klosterbau mit einem Ehrenhof mit Eckpavillons noch für den Neubau der Abteikirche durchsetzen, die eine Fortentwicklung seiner Ideen für Münsterschwarzach bedeutetet hätten.

Der vor den Franzosen während des Polnischen Erbfolgekrieges (1733–1738) aus Speyer geflohene Kardinal Damian Hugo von Schönborn hatte erstes Asyl in Schloss Gaibach gefunden. Da er scheinbar kurzfristig nicht mehr mit einer Rückkehr in seine Herrschaft rechnete, sollte nach Neumanns Plänen 1735/36 das auf dem Erbweg an die Schönborn gelangte Wolfsthalschloss in Zeilitzheim zur Exilresidenz des Kardinals umgebaut werden. Nachdem einige Räume vollendet waren, wurden die Umbauten einschließlich der Hofkapelle nicht mehr weitergeführt, da Kardinal Schönborn nach einer erneuten Volte des Kriegsglücks wieder heimkehren konnte. Die bereits angelegten Raumfolgen blieben liegen oder wurden in die wirtschaftliche Nutzung von Zeilitzheim integriert.

In der südwestlichen Altstadt von Würzburg entstand 1738 bis 1740 nach Neumanns Plänen der ausgedehnte Komplex des Ursulinenklosters. Die rechtwinklige Anlage nutzte das 1725 übernommene Areal eines bereits 1546 aufgegebenen Antoniterklosters. Sie präsentiert sich inmitten vieler anderer Gebäude mit Fassaden zur Ursulinengasse, zur Augustiner- und zur Neubaustraße. Von dem am 16. März 1945 durch Kriegseinwirkung nahezu völlig zerstörten Kloster sind im Westtrakt zwei Treppenhäuser aus der Zeit des Barock mit ornamentierten Sandsteinbrüstungen erhalten.

Schlossartige Züge trägt das von 1739 bis 1748 für Kurfürst-Erzbischof Franz Georg von Schönborn nach Plänen Neumanns von 1738 durch Johannes Seitz ausgeführte Dikasterialgebäude als Sitz der Verwaltung des Hochstiftes in Koblenz-Ehrenbreitstein. Die Gliederung der Fassade des dreistöckigen Gebäudes verwendet mit dem Schweifgiebel im Mittelrisalit oder den Fensterverdachungen Motive aus dem längst zum Allgemeingut gewordenen Formenschatz des Wieners Lucas von Hildebrandt, bleibt insgesamt aber eher trocken und steif.

Kardinal Damian Hugo von Schönborn war auch Fürstbischof von Konstanz. Als solcher erweiterte er 1740/41 das um 1712 erbaute Neue Schloss in Meersburg/Bodensee durch einen Treppenhauspavillon und die Hofkapelle nach Neumanns Plänen. Die Bauleitung hatte Johann Georg Stahl.

Auf Betreiben von Fürstbischof Friedrich Karl von Schönborn überprüfte Neumann 1742 die zum Teil noch von Johann Dientzenhofer stammenden Planungen für die Wirtschaftsgebäude der Benediktinerabtei St. Michael in Bamberg. Die Ausführung besorgte 1742/43 Conrad Fink.

Nach einem Plan von Johann Conrad Schlaun wurde ab 1725 für Kurfürst-Erzbischof Clemens August, Herzog in Bayern, die kurkölnische Residenz Augustusburg in Brühl im Erftkreis erbaut. In Anlehnung an den Typus der Anlage der Würzburger Residenz entwarf Balthasar Neumann 1743 ein Treppenhaus an der Nordseite der Durchfahrt im Westflügel. Dies führte zu

Dikasterialgebäude in Koblenz-Ehrenbreitstein.

einer Neuorganisation der Raumfolge und bildete zugleich den Abschluss der Neugestaltung des Brühler Schlosses.

Auf dem Höhepunkt seines Ruhmes erhielt Neumann 1742 den Auftrag zur Erneuerung der 1128 gegründeten Prämonstratenserabtei Oberzell, nur wenige Kilometer von der Würzburger Stadtgrenze am Main gelegen. Die langgestreckte Anlage mit wenig vorspringenden Eckpavillons sollte nach der ursprünglichen Planung zwei Binnenhöfe umschließen, von denen lediglich der östliche vollendet wurde. Der zur Kirche hin verbindende Westflügel fehlt bis heute. Wie rund 20 Jahre zuvor in Heidenfeld sind die Putzfassaden im Erdgeschoss mit einer Bandrustika geziert, auf der eine korinthische Kolossalordnung aufruht, die Hauptgeschoss und Mezzanin übergreift. Vor allem die Fensterschürzen sind durch skulpiertes Dekor im Stil des Rokoko geschmückt. Den kräftig vorspringenden Mittelpavillon zeichnen Halbsäulen aus. Das sich dahinter erstreckende und trotz seiner reduzierten Form noch an Pommersfelden erinnernde Haupttreppenhaus wurde nach Neumanns Tod von seinem Sohn Franz Ignaz Michael bis 1760 vollendet. Der Bau von Oberzell macht sichtbar, dass mit dem Tod von Fürstbischof Friedrich Karl von Schönborn 1746 in Würzburg und Bamberg zugleich eine Epoche sich allmählich ihrem Ende zuneigte. Spätestens der im Jahr 1756 ausgebrochene Siebenjährige Krieg setzte für Jahrzehnte andere Prioritäten, und manches zuvor angefangene Bauwerk blieb als Bauruine stehen oder konnte nur mit Mühe vollendet werden.

Zu den letzten Planungen Neumanns im Auftrag von Fürstbischof Friedrich Karl von Schönborn gehörte ein weiteres Jagdschloss im Guttenberger Wald zwischen Kist und Reichenberg südwestlich von Würzburg gelegen. Die Arbeit an der doppelgeschossigen Anlage mit zwei Seitenflügeln wurde nach dem Tod des Fürstbischofs im Juli 1746 sofort eingestellt. Das wenige, was gebaut war und unvollendet liegengeblieben war, wurde schließlich im 19. Jahrhundert zerstört.

SPÄTE BAUTEN

Das gilt im Wesentlichen auch für die im Auftrag des Trierer Kurfürst-Erzbischofs Franz Georg von Schönborn in dessen Eigenschaft als Fürstpropst erneuerte Benediktinerabtei Prüm im Kreis Bitburg-Prüm. Bereits 1735 hatte Johann Georg Seitz begonnen, einen Dreiflügelbau um einen quadratischen Hof zu bauen. 1744 griff Neumann ein und wollte die Anlage durch einen weiteren rechteckigen Hof nördlich davon erweitern. Der Tod des Bauherrn brachte die Baumaßnahme zum Stocken, und 1765 wurde sie endgültig aufgegeben. Daher blieb ein von Neumann neben der Durchfahrt geplantes Treppenhaus unausgeführt.

Ein ehrenvoller Auftrag beschäftigte Neumann in den Jahren 1746/47. Er arbeitete im Auftrag von Kaiser Franz Stephan und dessen Gemahlin Maria Theresia drei unterschiedlich große Umbaupläne für die Kaiserliche Hofburg in Wien aus. Die Ausführung unterblieb jedoch.

In Stuttgart hatte 1744 Herzog Carl Eugen von Württemberg die Regierung übernommen und ging sofort an die Planung einer neuen Residenz. Auf einen ersten Entwurf des brandenburgisch-ansbachischen Baudirektors Leopoldo Retti von 1746 folgten zahlreiche weitere Gutachten, Korrekturen und Konkurrenzentwürfe anderer Baumeister. 1747 griffen neben Balthasar Neumann noch Alessandro Galli da Bibiena und Maurizio Pedetti in das Planungsgeschehen ein. Er legte zwei, wie wenig später in Schwetzingen, weiträumig gedachte Projekte vor, bei denen er Elemente der Stiegenanordnung seiner nicht verwirklichten Planung für die Wiener Hofburg erneut als Vorschlag einbrachte. Beide Projekte Neumanns gelangten jedoch nicht zur Ausführung, da sich Retti schließlich gegen alle Konkurrenten durchsetzen konnte.

Für den Kardinal und Fürstbischof von Speyer Franz Christoph von Hutten erweiterte Neumann 1747 das ab 1724 von Johann Michael Ludwig Rohrer gebaute Schloss Eremitage in Waghäusel im Kreis Bruchsal. Wohl nach Vorschlägen Neumanns waren 1730/31 in den Diagonalen des über 16-eckigem Grundriss errichteten Hauptbaues vier Kavalierpavillons angefügt worden. Zuletzt setzte Neumann an den bestehenden Bau in den vier Himmelsrichtungen achtseitig-oblonge Pavillons.

Kaum mehr als ein halbes Jahrhundert stand das zwischen 1748 und 1752 für Kurfürst-Erzbischof Franz Georg von Schönborn erbaute Sommerschloss Schönbornslust in Koblenz-Kesselheim. Der mehrgeschossige, längliche Bau mit Eckpavillons besaß zwei Innenhöfe und ein repräsentatives, zentrales Treppenhaus in Anlehnung an das Vorbild der Würzburger Residenz. Der Bau, von dessen Aussehen wir außer einigen Entwurfszeichnungen keine gesicherte Überlieferung haben, wurde im Jahr 1806 durch französische Revolutionstruppen vollständig zerstört.

1726 hatte Neumann in Veitshöchheim bereits den Lustgarten rund um das von 1680 bis 1682 erbaute doppelstöckige Jagdschlösschen entsumpft und den Kleinen See angelegt. Zwischen 1749 und 1753 erweiterte er im Auftrag von Fürstbischof Carl Philipp von Greiffenclau das kleine Schlösschen durch Querbauten und baute eine einläufige steinerne Treppe mit Wendepodesten ein. Obwohl kleiner und bescheidener als das Sommerschloss in Werneck, nahm Veitshöchheim wegen

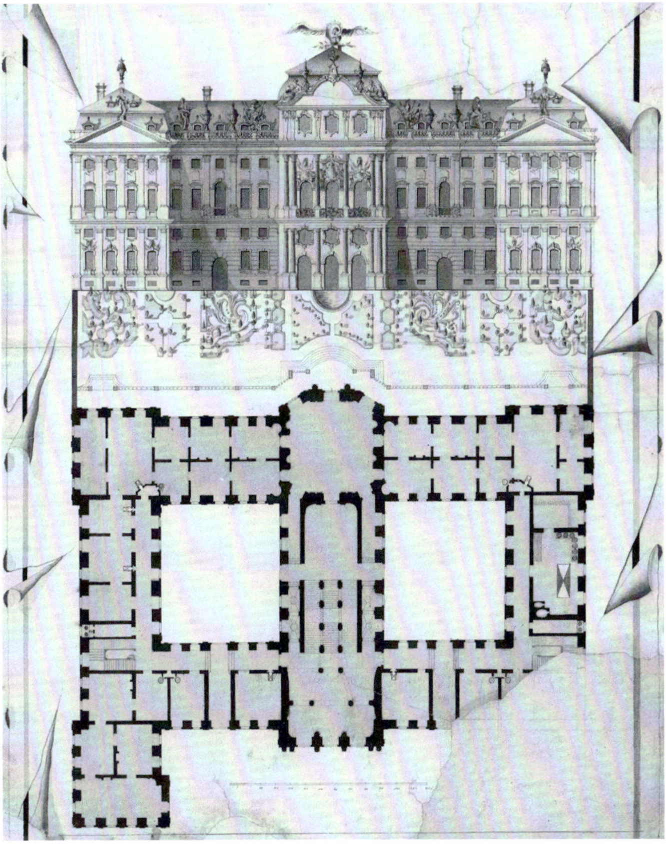

Zerstörtes Schloss Schönbornslust in Koblenz-Kesselheim, Zeichnung um 1748.

seiner Nähe zur Residenz in Würzburg fortan im höfischen Zeremoniell eine wichtige Rolle ein.

Balthasar Neumanns Ruf als Architekt hatte längst die engeren Grenzen seines Wirkungsbereichs überschritten. So verwundert es nicht, dass er neben Nicolas de Pigage, Franz Wilhelm Rabaliatti und Alessandro Galli-Bibiena 1749 dazu eingeladen worden war, Entwürfe für das ehemalige kurpfälzische Schloss Schwetzingen zu liefern. Seine nicht ausgeführte, weiträumig gedachte Planung sah ein dreigeschossiges Corps de Logis mit Mittel- und Eckpavillons vor. Zur Stadt hin hätten sich zu beiden Seiten des Ehrenhofs Flügelbauten mit Binnenhöfen erstreckt. Zum Park hin waren an das Corps de Logis anschließende einstöckige und rhythmisch gegliederte Häuser über kreissegmentförmigem Grundriss als Einfassung des Parterres geplant gewesen.

Erst nach einer Reihe von Konkurrenzen und Gutachten wurde ab 1752 durch Albrecht Friedrich von Kesslau für Markgraf Carl Friedrich von Baden-Durlach nach einer Planung von Neumann das Großherzogliche Schloss in Karlsruhe erbaut. In seinem ersten Projekt von 1750 plante er unter anderem zwei Binnenhöfe und seitliche Schrägflügel zu beiden Seiten eines Vorhofes. Es folgten zwei weitere Planungen, bis schließlich die Binnenhöfe ganz aufgegeben waren. Erhalten blieben das repräsentative Treppenhaus und die Übernahme des Schlossturmes von 1715 als Zentrum der Anlage.

5 Kirchenbauten

BLÜTEZEIT DES KIRCHENBAUS

Vermutlich sind – nicht nur in Franken – zu keiner Zeit so viele Kirchen gebaut worden wie im Barock. Am Anfang dieser Epoche mag vielleicht noch das Erlebnis des Dreißigjährigen Krieges, dem unzählige Menschen sinnlos geopfert worden waren, und der durch Hunger, Pest und andere Krankheiten ganze Landstriche entvölkert hatte, Auslöser gewesen sein für eine Hinwendung zum Glauben und damit für den Bau vieler Kirchen. Es mag damals vielleicht auch ein Gespür dafür gegeben haben, dass das System der Geistlichen Staaten sich seinem Ende zuneigte und jeder Herrscher bedacht war, künftigen Generationen – quasi in letzter Minute – noch ein Zeugnis seines Ruhmes zu hinterlassen.

Das unterfränkische Landschaftsbild wird vielerorts durch die nadelspitzen Pyramidenhelme der unter Fürstbischof Julius Echter (reg. 1573–1617) gebauten Kirchen geprägt. Mindestens ebenso häufig aber fallen schon von Ferne die taillierten barocken Kuppeln und Turmhauben der Kirchen aus der Zeit von Fürstbischof Friedrich Karl von Schönborn (reg. 1729–1746) ins Auge. Viele davon hat Balthasar Neumann gebaut, oder sie wurden von Meistern aus seinem Umkreis nach seinen Vorgaben errichtet respektive als populäre Form einfach nachgeahmt.

ROTUNDE ALS NEUMANNS LEITMOTIV

Neumanns Kirchenbauten haben, wenn man so will, zwei Gesichter: Es gibt die sogenannten Landkirchen, die vor allem ab Mitte der 1730er Jahre mit relativ geringem Budget in Anlehnung an einen auf Balthasar Neumann zurückgehenden »Masterplan« entstanden sind. Feuerfeste Gewölbe sollten ihnen Dauer verleihen, und ihre Ausstattung beschränkte sich anfangs auf das für den Gottesdienst Notwendigste. Es versteht sich bei einem solchen Architekten wie Neumann von selbst, dass diese Fassadenturmkirchen mit zweijochigem Langhaus sorgfältig proportioniert und damit ungeach-

Die Rotunde als architektonische Form

Mit dem Wort Rotunde bezeichnet die Kunstgeschichte ein architektonisches Gebilde, das in seiner einfachsten Ausprägung aus zwei Elementen besteht: Einem zylindrischen Raum über kreisrundem Grundriss und einer im Radius deckungsgleichen Halbkugel als Kuppel darüber. Raumzylinder und Kuppel benötigen an ihrer Nahtstelle keine vermittelnden Pendentifs, sondern gehen schichteinheitlich ineinander über. Innerhalb dieser Vorgabe lassen sich Grundriss, Kuppelgestalt und Proportionen beliebig variieren. Als Urform der Rotunde könnte man das antike, um 125 n. Chr. vollendete Pantheon in Rom benennen. Es ist überdies bezeichnend, dass Neumann in seiner gesamten Korrespondenz kein Wort über die Theorie seines Schaffens verloren hat.

tet aller Schlichtheit schön sind. Seine Hauptleistungen als Architekt erbrachte er jedoch in den Kirchen, bei denen aus politischen Gründen nicht alleine in baulicher Hinsicht Großes geschaffen werden sollte. Gerade in solchen Kirchen offenbart sich die ganze raumschöpferische Fantasie dieses Baumeisters. Wie ein Leitmotiv beherrscht von Anfang an die Raumgestalt der Rotunde sein gesamtes Bauen.

In zahlreichen Kirchenbauten Neumanns ging es um die Verbindung von zwei und mehr Rotunden zu einem Raumerlebnis. Also beispielsweise die Vereinigung einer zentralen Mittelrotunde mit den Anräumen in Chor und Querhaus einer Kirche. Darüber hinaus galt es oft, das Langhaus als Folge solcher rhythmisierten Rotunden zu gestalten und dieses wieder an den Vierungskuppelraum anzuschließen. In der Baupraxis standen solche Rotunden aber in den seltensten Fällen völlig frei, sondern waren in die Mantelmauern des Langhauses mit Querhaus und Chor eingebunden. Oder sie waren Teil einer eigenständigen Architektur wie bei der Hofkirche der Würzburger Residenz beziehungsweise der Kapelle der Sommerresidenz von Werneck. Besondere, vom Architekten auf baukünstlerische Weise zu gestaltende Spannungen treten vor allem dort auf, wo solche kurvierten Räume mit rektangulären Mantelmauern zusammentreffen. Ähnliches gilt für die Verbindung von gekurvten Räumen miteinander. Diese »Achillesfersen« seiner Architektur haben Neumann zu Höchstleistungen herausgefordert. Dies geschah gerade dann, wenn zwei unterschiedliche architektonische Konzepte aufeinanderprallten, wie bei der Wallfahrtskirche Vierzehnheiligen. Dort musste Neumann seine ursprüngliche Planidee in die ohne sein Wissen während des Bauens nachträglich veränderten Mauern seines Konkurrenten Gottfried Heinrich Krohne einfügen.

Sprechen wir zunächst von den sogenannten Landkirchen. Meist verboten gerade bei diesen Gotteshäusern die knappen Finanzmittel der Gemeinden einen größeren Aufwand. Es ging in erster Linie darum, den Gläubigen zu für die Gemeinden finanzierbaren Kosten einen angemessenen Raum für ihren Gottesdienst zur Verfügung zu stellen, der dauerhaft gebaut war. In einer eigenen »Instructio Normativa« für die Erbauung solcher Landkirchen legte Friedrich Karl von Schönborn 1732 die Größe solcher zumeist zweijochigen Kirchen mit Fassadentürmen fest. Er verlangte zudem, dass sie aus Gründen der Feuersicherheit steinerne Gewölbe haben mussten; nachhaltiges Bauen war schon in der Barockzeit ein Thema! Um seine Absichten allen Beteiligten vor Augen zu führen, ließ der Fürstbischof durch Neumann Musterpläne für solche Kirchen und zusätzlich für die Pfarrhäuser auf dem Lande entwerfen, in denen diese Standards festgehalten wurden.

MICHELAU

Da es im gesteckten Rahmen unmöglich ist, die Vielzahl der nach diesem Schema erbauten Kirchen im Detail darzustellen, soll als charakteristisches Beispiel die Filialkirche St. Michael und St. Georg in Michelau im Steigerwald nahe Gerolzhofen herausgegriffen werden. Ende September 1732 wurde vom Geistlichen Rat in Würzburg die Baufälligkeit der Kirche festgestellt und festgelegt, dass diese mit Ausnahme des

Turmes für eine Summe von etwas mehr als 1.000 Gulden zu erneuern sei. Mehr war der kleinen Filialgemeinde an Kosten nicht zuzumuten. Fast drei Jahre geschah aber erst einmal gar nichts. Da der vielbeschäftigte Balthasar Neumann bis April 1735 noch keine Zeit für eine Ortsbesichtigung gefunden hatte und deshalb weder ein Plan gezeichnet noch ein Kostenvoranschlag erstellt worden war, sollte sein Stellvertreter Ingenieurleutnant Tatz einspringen und das Bauunternehmen endlich voranbringen. Der war vor Ort, entwarf aber vermutlich wegen des geringen Etats eine Kirche ohne steinerne Gewölbe. Das lehnte Neumann ab und legte 1736 endlich eine eigene, mit rund 2.000 Gulden doppelt so teure Entwurfsplanung vor. Da die kleine Kirchengemeinde diese Summe nicht finanzieren konnte, wollte sie nach den Plänen von Tatz bauen, was Neumann erneut verhinderte. Im Jahr 1738 berichtete der Geistliche Rat an Friedrich Karl von Schönborn, die Kirche von Michelau sei inzwischen »dermaßen baufällig, daß ohne Gefahr des Umbsturzes darinnen der Gottesdienst nicht gehalten werden kan«. Nach einem Machtwort des Fürstbischofs wurde der Neubau 1739 nach Plänen Neumanns begonnen. Die Baukosten sollten jetzt 1.500 Gulden betragen. Da aber rasch alle Mittel aufgebraucht und die Materialvorräte verbaut waren, musste der Bau bald wieder eingestellt werden. Nach langem Drängen teilte Neumann im Laufe des Jahres 1740 mit, dass für den Abschluss des Bauwerks noch einmal 1.500 Gulden notwendig wären. In dieser kritischen Situation stellte die Diözese »aus dem fundo ad pias causas« 1.000 Gulden zur Verfügung; den Rest sollten die Michelauer irgendwie selbst aufbringen. Immerhin wurde die Kirche jetzt gewölbt, das Dach gedeckt und die Fenster eingesetzt: Am 29. September 1741 konnte der erste Gottesdienst in der neuen Kirche gefeiert werden. Eine Nachberechnung der Kosten ergab schließlich die Summe von 5.287 Gulden, ohne Altäre, Kanzel und sonstige Ausstattung. Einen großen Teil der Kosten hat Fürstbischof Friedrich Karl von Schönborn wie so oft aus privaten Mitteln persönlich »mildest angewiesen und beygetragen«. An mehr Geld von ihm war aber nicht

Kirche St. Michael und St. Georg in Michelau im Steigerwald.

zu denken. Vor allem die Ausstattung der Kirche musste warten, bis sich wieder etwas Geld angesammelt hatte. 1745/46 schuf Thomas Wagner den Hochaltar. Die formelle Weihe erfolgte am 3. Oktober 1752 und die sonstige Ausstattung wurde um 1760 vollendet.

Trotz aller finanzieller und organisatorischer Schwierigkeiten, die den Bau um ein Vielfaches gegenüber dem ersten Kostenansatz verteuert haben, waren die Bedingungen in Michelau noch verhältnismäßig übersichtlich. Abgesehen von den fast schon »normalen« Kostensteigerungen, war Neumann auch bei den meisten anderen Landkirchen wegen seiner vielen sonstigen Baustellen mit Planung und Baubetreuung vor allem in den 1730er Jahren überfordert. Gleichwohl verweigerte er gleichzeitig seinem wenig geschätzten Mitarbeiter und Stellvertreter Tatz geradezu stur die Möglichkeit zur Mitarbeit an solchen in der Regel nicht sehr anspruchsvollen Architekturen und behinderte sich auf diese Weise selbst.

UNTERWITTIGHAUSEN

Als weiteres Beispiel einer Landkirche von Neumann soll die Pfarrkirche Allerheiligen von Unterwittighausen im Kreis Tauberbischofsheim etwas ausführlicher vorgestellt werden. Alleine, dass sich die Hofkammer in Würzburg, das Kollegiatstift zu Aschaffenburg, die Kartause Grünau im Kreis Main-Spessart und »ein zeitlicher Pfarrer« als Zehntherren zu je einem Viertel die Baulast teilten, lässt die Schwierigkeiten bei Finanzierung, Planung und Bau ahnen. Im Mai des Jahres 1735 berichtete Pfarrer Schüttinger über die Enge und Baufälligkeit der Pfarrkirche Unterwittighausen, deren Alter von ihm auf etwa 500 Jahre geschätzt wurde. Es handelte sich tatsächlich wohl um einen bedeutenden romanischen Zentralbau des 12. Jahrhunderts in der Art der Kapellen zu Oberwittighausen und Grünsfeldhausen. Die Würzburger Geistliche Regierung schilderte Fürstbischof Friedrich Karl von Schönborn den Zustand der Kirche noch im August 1735 mit höchst drastischen Worten. Die Rede ist davon, dass die Mauern »aufgesprungen und sinckhen, auch der obere Last auf einer eintzigen sich schon neigenden Saulen ruhe, die Balcken und Holtzwerck gantz mürb und verfault, mithin der tägliche Einfall besorget werde«. Trotzdem erhielt Neumann erst zwei Jahre später 1737 den Auftrag, den Bau zu begutachten sowie Riss und Kostenvoranschlag vorzulegen. Der mit anderen Aufgaben überhäufte Baumeister musste allerdings auch diese Aufgabe vor sich herschieben. Im Februar 1738 protokollierte der Geistliche Rat resignierend, dass eine Tätigkeit Balthasar Neumanns »nichts destoweniger auf mehrmahliges und wiederum ohnlängst wiederholtes Antreiben bies hieher nicht erfolget« sei. Trotzdem lag wenig später doch ein Riss mit einem Kostenvoranschlag mit einer Bausumme von rund

4.500 Talern vor. Damals wollte der Fürstbischof für »Gewolben, Altaren und Sauberkeith der Sachen 500 fl. von einem gewissen fundo rechter Zeith, 150 in privato [...] und 150 per Geistl. Raths fundo« zum Neubau beisteuern. Nachdem die anderen Beteiligten zugestimmt hatten, wurde 1739 nach Neumanns Planung »bey erstem bequemen Wetter« mit dem Bau begonnen. Im Oktober 1739 war die Kirche in der Vierung geschlossen worden und sollte noch vor dem Winter unter Dach kommen, damit »der Gottesdienst einsweilen darinnen gehalten werden« konnte. Die weiteren Gewölbe aber sollten »auf folgende erste bequäme Jahreszeit ausgestellet« werden. 1741 war die Kirche dann nebst Ausstattung vollendet. Der anfängliche Ansatz war jedoch mit rund 7.000 Gulden erheblich überschritten worden. Darüber hinaus hatte es Fehler in der Ausführung gegeben, denn die Stichkappentonne des Langhauses und die Chorgewölbe mussten bereits 1790 wegen drohender Einsturzgefahr abgetragen und durch eine Flachdecke ersetzt werden.

»INSTRUCTIO NORMATIVA«

Mit all den beispielhaft geschilderten Schwierigkeiten und Problemen wurden nach dem »Muster« von Michelau oder Unterwittighausen viele Landkirchen im Bistum Würzburg errichtet. In der Zeit von Fürstbischof Julius Echter zwischen 1573 und 1617 konnten eine große Zahl von katholischen Kirchen renoviert oder ganz neu gebaut werden. Seitdem aber waren erneut mehr als 100 Jahre vergangen und nicht zuletzt die Vernachlässigungen während des von 1618 bis 1648 dauernden Dreißigjährigen Kriegs hatten weiter an der Substanz der überkommenen alten Gotteshäuser gezehrt. Die wenigsten Landgemeinden wie zum Beispiel Röthlein im Kreis Schweinfurt verfügten über Mittel in einer Größenordnung von 3.000 bis 5.000 Gulden, um einen Neubau ihrer Kirche aus eigener Kraft ohne Zuschüsse zu stemmen. Um diesem Sanierungsstau abzuhelfen und gleichzeitig Mittel für einen Kirchenbaufonds zu generieren, verlangte der 1729 gewählte Fürstbischof Friedrich Karl von Schönborn bereits im Herbst

1730 von jedem neu auf eine Pfarrei berufenen Priester, die Hälfte eines Jahreseinkommens in diesen Fonds zu zahlen. Dass er damit bei den Betroffenen und beim Geistlichen Rat auf wenig Gegenliebe stieß, mag man nachvollziehen können.

1735 forderte der Fürstbischof »Einen Bericht über diejenigen Pfarrkirchen, so am meisten baufällig seien«. Die Geistliche Regierung reichte anfangs nur eine Liste mit fünf Gotteshäusern ein: Krensheim, Berolzheim, Gemeinfeld bei Hofheim, Michelau und Unterwittighausen. Sieben Jahre später umfasste 1742 eine »Specificatio deren Gebäuen, so zu repariren« die Zahl von 32 Kirchen. Inzwischen hatte Friedrich Karl 1738 eine »Instructio normativa« erlassen, mit näheren Anordnungen, was bei den anstehenden Kirchenneubauten besonders zu beachten ist: Abgesehen von den Fragen, ob die Kirche nicht doch instand zu setzen sei und wer für die Baukosten aufkommen könne, sollte stets ein fachlich qualifizierter Ingenieur den Augenschein vor Ort nehmen, einen an der Größe der Gemeinde orientierten Riss der Kirche anfertigen und die Kosten dazu schätzen. Bedingung war, dass der Bau mit Steinen gewölbt wurde. Riss und Kostenschätzung waren dem Ordinariat zur Genehmigung vorzulegen. Über den solchermaßen approbierten Plan war zwischen einem Ingenieur und »einem tüchtigen Bau-Meister ein Accord« über die Erbauung der Kirche abzuschließen. Dass mit dem »Ingenieur« in der Praxis damals Neumann gemeint war, erschließt sich schon daraus, dass ihm persönlich ein Exemplar der »Instructio« ausgehändigt wurde. Obwohl stets eine fachliche Planung und eine Kostenkalkulation vorlagen, haben die Abstimmungen zwischen den verschiedenen, je nach Situation vor Ort wechselnden Beteiligten Zeit und Kosten jedoch trotzdem oft unkontrollierbar werden lassen. Hinzu kam, dass Balthasar Neumann bis Mitte der 1730er Jahre durch die Würzburger Residenz und das Wernecker Schloss stark gefordert war. Die Entlastung, die ihm Leutnant Tatz als sein Stellvertreter bieten sollte, zeigte nur wenig Wirkung, da beide nie zu einer echten Zusammenarbeit gefunden haben. Die Bauausführung lag meist in den Händen örtlicher Maurermeister. In vielen Fällen haben nur die privaten Zuschüsse des Fürstbischofs solche Kirchen vollenden lassen. Auf der anderen Seite hat sich die normierte Planung von Kirchen weit über die Amtszeit Friedrich Karls und die Lebenszeit Balthasar Neumanns als Muster durchgesetzt. Die letzte in Anlehnung an die »Instructio normativa« von 1738 erbaute Landkirche dürfte die evangelische (sic!) Pfarrkirche Schernau von 1802 von Thaddäus Dückelmann gewesen sein.

MÜNSTERSCHWARZACH

Neben solchen Landkirchen baute Neumann aber auch große Wallfahrts- und Klosterkirchen mit – so scheint es – nahezu unbegrenztem Budget. Die erste seiner Großkirchen war die zwischen 1726 und 1742 errichtete Benediktinerabteikirche von Münsterschwarzach. Sie bildete den Abschluss einer seit den 1690er Jahren eingeleiteten, umfassenden Erneuerung der gesamten baulichen Anlagen dieses Konventes. Der Chor der alten, im Kern noch romanischen Kirche war schon 1718 unter Joseph Greissing teilweise abgebrochen worden, um Platz für die Konventsgebäude zu schaffen. Sicher ist, dass schon Greissing eine Vorstellung von der neuen Abteikirche hatte; jedenfalls hatte sein Baukonzept mindestens im Chorbereich Auswirkungen auf Neumanns Planungen. 1730 waren Chor und Querhaus seiner Kirche im Wesentlichen fertig, als der Bau wegen der Kuppel über der Vierung stockte. Das Kloster strebte aus Kostengründen nach einer kleineren, unter dem Dach verborgenen Lösung, die nach außen lediglich durch eine Laterne sichtbar gewesen wäre. Neumanns Planung einer über das Dachwerk hinausragenden Kuppel mit Tambour wurde von Fürstbischof Friedrich Karl von Schönborn unterstützt, der damit aktiv in den Kirchenbau eingriff. Man einigte sich schließlich auf eine Vierungskuppel ohne Tambour, die 1733 erbaut wurde. 1741 war der Rohbau mit seiner Doppelturmfassade im Westen vollendet.

Bei der Münsterschwarzacher Abteikirche handelte es sich um eine basilikale Wandpfeilerkirche auf dem Grundriss eines lateinischen Kreuzes. Weithin sichtbares Hauptstück der

Architektur war die Kuppel, die sich deutlich über die angrenzenden Dächer hinaushob. Ihre Schale war dazu anstelle des aufgegebenen Tambours stark gestelzt worden. Das, was Neumann damit gestaltete, war weit mehr als der Versuch zwischen den Interessen von Abt und Fürstbischof zu vermitteln: Hier macht sich bereits im Frühwerk seine Absicht bemerkbar, eine Vierungsrotunde zu formen, die auch am Außenbau sichtbar wird. Die Zweiturmfassade, bei der eine zweigeschossige Mitte mit Dreiecksgiebel von zwei Türmen flankiert wurde, bestach durch ausgewogene Proportionen etwa im Verhältnis zu Vierungskuppel und Konventsturm.

Dieser früheste Großkirchenbau von Neumann muss besonders im Fernbild einen starken Eindruck erzeugt haben. Aber auch seine Ausstattung ließ ihn zu einem Höhepunkt der Kunst seiner Zeit werden: Neben den Altären aus Stuckmarmor von Johann Michael Feichtmayr und Johann Georg Üblher sind die Fresken des früh verstorbenen Malers Johann Evangelist Holzer genauso zu nennen wie die Altarbilder von Giambattista und Giandomenico Tiepolo, um nur die wichtigsten Künstler zu erwähnen. Neumanns Abteikirche von Schwarzach bestand nicht einmal 60 Jahre und wurde im Gefolge der Säkularisation von 1803 abgebrochen.

In Münsterschwarzach hat Balthasar Neumann trotz aller Besonderheiten eine klassische Kirche gebaut, die er unter dem Einfluss – wenn nicht gar unter dem Druck – von Friedrich Karl von Schönborn mit einer hochbarocken Kuppel über der Vierung ausgezeichnet hat. Seine Ideen als Architekt aber gingen weit darüber hinaus.

SCHÖNBORNKAPELLE AM WÜRZBURGER DOM

In Neumanns Frühwerk reicht auch die Schönbornkapelle am Würzburger Dom, die in zwei Phasen von 1721 bis 1724 und von 1729 bis 1736 errichtet wurde. Wie so oft damals arbeitete Neumann in Konkurrenz zu Entwürfen von Maximilian von Welsch, Lucas von Hildebrandt und sogar von Germain Boffrand und anderen Baumeistern. Seine Idee war es, die Rotunde statt mit Pfeilern mit gekuppelten Säulen zu instru-

Grundriss, Aufriss und Schnitt durch die Schönbornkapelle in Würzburg.

mentieren. Das Mittel, um die Rotunde im Aufriss für das prüfende Auge nachvollziehbar zu machen, sind die Gurte, die die von den Säulen und ihrer Position im Grundriss geformten Bogenarkadenstellungen überspannen. Sie müssen als Querschnitte der durch die stereometrische Verbindung der Teilräume fragmentierten Kuppelschale aufgefasst werden.

Somit schaffen sie an den Stellen, an denen die Mantelmauer der Rotunde durchbrochen ist, für das Auge die Verbindung von Kuppelschale und Zylinderraum. In dem relativ kleinen Kirchenbau formte Neumann die Grundzüge der Architektur seiner Reifezeit in Gestalt der zentralen »Vier-Arkaden-Rotunde« als Hauptraum über konzentrisch stehenden Freisäulenpaaren und seitlichen Anräumen über ovoidem Grundriss, die bis in die Kuppel hinein mit dieser Rotunde verbunden sind. Die Räume und ihre Gelenke sind wie stets bei Balthasar Neumann mit mathematischer Präzision ausgearbeitet. Wegen der dichten Bebauung ringsum dringt von außen wenig Licht ein. Diese der Aufgabe als Grabkapelle geschuldete Lichtinszenierung wird durch das Grau der Marmorierung und die verhaltene Farbigkeit der Malerei, aus der nur gelegentlich etwas Gold heraus blitzt, betont.

GÖSSWEINSTEIN

Nach einem langen und kontroversen Planungsvorlauf, an dem Johann Dientzenhofer und Franz Anselm Ritter von Groenesteyn gescheitert waren, erbaute Balthasar Neumann von 1730 bis 1739 die Pfarr- und Wallfahrtskirche zur Hl. Dreifaltigkeit in Gößweinstein. Ihre Architektur lässt sich als stereometrisch komplexes Gebilde einer Vierungsrotunde über querovalem Grundriss interpretieren, bei der erneut die gestaltende Kraft des Lichtes in der Architektur von Bedeutung ist. Insbesondere der Kuppelraum und die dort inszenierte Lichtregie haben erheblichen Einfluss auf das Raumerlebnis: Schon dem in die Kirche Eintretenden erschließt das Licht diese Kuppel sofort als räumliches Gebilde, selbst wenn er sie noch nicht als Ganzes sieht. Darin liegt ein wesentlicher Unterschied zu früheren barocken Kuppelanlagen, die man erst von der Vierung aus in die Höhe blickend mit Pendentifs, Tambour, Kuppel und Laterne völlig erfasst. Dort aber ist das Erlebnis der übrigen Räume der Kirche dem Betrachter entzogen. Neumanns Kirchenräume hingegen erschließen sich gerade durch seine Lichtführung dem darin Verweilenden an jedem Ort des Raumes.

SCHLOSSKIRCHE WERNECK

Diese Vereinheitlichung des Raumes wird in den Kirchen der 1730er und 1740er Jahre konsequent fortgesetzt. Den Anfang macht die 1745 geweihte Schlosskirche von Werneck, deren Architektur bereits seit 1733 parallel zur Hofkirche der Würzburger Residenz geplant war, aber erst ab 1740 im Detail feststand. Sie bildet mit ihrer Ausstattung ein Juwel des Rokoko. Neumann hat es meisterhaft verstanden, das über unregelmäßigem und rechteckigem Grundriss erbaute Gehäuse des nordöstlichen Pavillons im Inneren durch Wandpfeiler in einzelne Teilräume zu gliedern. Richard Sedlmaier und Rudolf Pfister disqualifizierten 1921 diese Anräume der Wernecker Schlosskirche polemisierend überspitzend als »schachtförmige ›Resträume‹«. Tatsächlich weisen diese radial zu einer Mittelrotunde über ovalem Grundriss gelagerten Anräume unterschiedliche Strukturen und verschiedene Grade sorgsam austarierter räumlicher Selbstständigkeit auf. Anschaulich wird dies vor allem durch einen Blick in die Gebälk- beziehungsweise Gewölbezone: In den Diagonalen der Ecken sind die Rotunden vollständig ausgebildet. Eine Rotunde der ersten Ordnung weist auch der Eingangs- beziehungsweise Orgelraum im Westen auf. Die übrigen Anräume sind Abseiten, bei denen ihre genetische Herkunft vom Motiv der Rotunde nur an einem schmalen linsenförmigen Fragment im Gewölbe erkennbar ist.

Diese differenzierte architektonische Struktur hat Antonio Bossi durch seine Stuckaturen unterstrichen und in der Kapitell- und Gewölbezone gesteigert. Mit dem Weißen Saal der Würzburger Residenz gehört der Wernecker Stuck zu den besten Schöpfungen des genialen Bossi. Die Pilasterspiegel sind mit feingliedrigem Rocailleornament übersponnen; ähnlich sind die Brüstungen von Empore und Oratorien oder die Gewölbefüße mit feinem, flammendem Stuck geziert.

ETWASHAUSEN, GAIBACH, KÄPPELE

Neumanns architektonisches Hauptthema der Verknüpfung überkuppelter Räume über gerundeten Grundrissen kommt in den zwischen 1740 und 1745 erbauten Kirchen in Gaibach und Etwashausen in einer entwickelteren Form ebenfalls zum Ausdruck. Während in der Kitzinger Vorstadt das Gewölbe der Vierung durch die angrenzenden Räume weitgehend aufgezehrt wird, greift die kleine, querovale Kuppelrotunde in Gaibach in die Anräume hinein. Im ersten Beispiel ist es das Kreuz, das gemäß dem Patrozinium der Kirche dominiert und im zweiten Fall wird in den drei ellipsoiden Anräumen um die Rotunde die Dreifaltigkeit symbolisiert.

Wenig später schuf Neumann 1748–1749 mit der Wallfahrtskirche Mariä Heimsuchung auf dem Nikolausberg eine seiner wohl populärsten Kirchen in Würzburg, das Käppele. An eine bestehende Gnadenkapelle baute er einen Zentralbau über dem Grundriss eines griechischen Kreuzes mit nach Norden orientierter Doppelturmfassade. Der Neumann-Spezialist Hans Reuther hat den »bizarren eingeschnürten Zwiebelhelme[n] des Fassadenturmpaares sowie der Laterne [...] eine eigenartige, fast an slawischen Barock erinnernde Komponente im Stadtbild Würzburg« attestiert.

Kirchenbauten wie Gaibach, Kitzingen-Etwashausen oder das Käppele in Würzburg gehören von ihrem Bauvolumen eigentlich in die Kategorie der »Landkirchen« Balthasar Neumanns. Der Baukünstler hat in diesen Architekturen der ersten Hälfte der 1740er Jahre aber die Leitidee der Rotunde zur Meisterschaft getrieben und sie damit gleichsam zu »Modellen« für seine späten Kirchenbauten werden lassen.

VIERZEHNHEILIGEN

Nicht alleine wegen ihrer Verknüpfungen verschiedener Raumthemen, stellt die zwischen 1743 und 1774 erbaute Wallfahrtskirche zu Vierzehnheiligen ein Hauptwerk in Neumanns Architektur dar. Ihre Baugeschichte war ein einziger Kampf voller Intrigen und Kompetenzstreitereien zwischen dem Abt Stephan Mösinger des Zisterzienserklosters Langheim als Bauherrn und Friedrich Karl von Schönborn, dem die landständische Abtei als Fürstbischof von Bamberg unterstand. Wie bei solchen Großbauten des Barock üblich, leg-

Wallfahrtskirche Vierzehnheiligen. Luftaufnahme über Fassade und Querhaus hinweg.

ten Architekten wie Gottfried Heinrich Krohne oder Johann Michael Küchel eigene Alternativentwürfe vor. Der Fürstbischof bestimmte Neumanns Pläne für die Ausführung. Der vom Abt favorisierte weimarische Landbaumeister Gottfried Heinrich Krohne wandelte als Bauleiter jedoch diese Pläne ab und begann nach seinen Vorstellungen zu bauen. Die gravierendste Änderung bestand zunächst darin, dass er die Kirche etwas den Hang hinauf verlegte und damit dem Gnadenaltar seine für die Wallfahrtskirche zentrale Position im Raum nahm.

Obwohl Neumann wütend aufgeben wollte, gelang es dem Fürstbischof, ihn zu einer Neuplanung zu bewegen. Diese musste aus Kostengründen freilich das bereits von Krohne angelegte Mauerwerk berücksichtigen. Den seinem Platz in der Vierung beraubten Gnadenaltar rückte Neumann nun im zweiten Projekt von 1744 gleichwohl in die Mitte der Kirche, indem er in einer Art Geniestreich unter Einbeziehung der bereits gebauten Außenmauern die Langhaus-Architektur im Inneren in eine Folge von drei Rotunden über längsovalem Grundriss auflöste. Die größte Rotunde wurde auf diese Weise gleichsam zu einem auszeichnenden »Baldachin« für den Gnadenaltar. Den Chor formte er innen ebenfalls zu einer Rotunde um. Diesem symmetrisch entsprechend gestaltete er den Eingangsbereich. Schließlich sollten die über kreisrundem Grundriss errichteten Rotunden des Querhauses die im ersten Projekt geplante Vierungsrotunde gänzlich aufzehren.

Gerade in Vierzehnheiligen wird nachvollziehbar, dass Neumanns Bauten mit großer Strenge jedem Teil der Architektur seinen genau bestimmten Platz zuweisen. Keine Säule, kein Pilaster, kein Gewölbe ist auswechselbar, ohne für die Anschauung das Ganze der Architektur zu gefährden. Diese Stringenz in der Organisation der Architektur, zu der, bei Vierzehnheiligen, eine aus dem kontroversen Planungsverlauf resultierende unerwartete Spannung zwischen Außenbau und innerer Raumaufteilung kommt, ist das Besondere an seinem Verständnis von Architektur.

NERESHEIM

Jene Popularität wie Vierzehnheiligen hat Neumanns reifste Architektur, die Abteikirche von Neresheim, die von 1745 bis 1792 erbaut worden ist, nie erreicht. Aber vielleicht liegt das daran, dass sie erst lange nach seinem Tod vollendet worden ist. Wir beobachten erneut eine umfangreiche und kontroverse Planung. Einer Mönchskirche entsprechend ist der Chor betont und deshalb annähernd gleich groß wie das Langhaus. Dennoch wusste Neumann die Erscheinung des Chors noch zu steigern, indem er die beiden Rotunden dort über kreisrundem Grundriss geformt hat. Der Kreis ist die vollkommenste geometrische Form, während sich die beiden Rotunden im Langhaus jeweils über Querovalen entwickeln. Die große, nur in verknappter Gestalt und ohne Laterne ausgeführte Hauptkuppel erhebt sich als Vier-Arkaden-Rotunde von toskanischen Säulenpaaren gestützt auf längsovalem

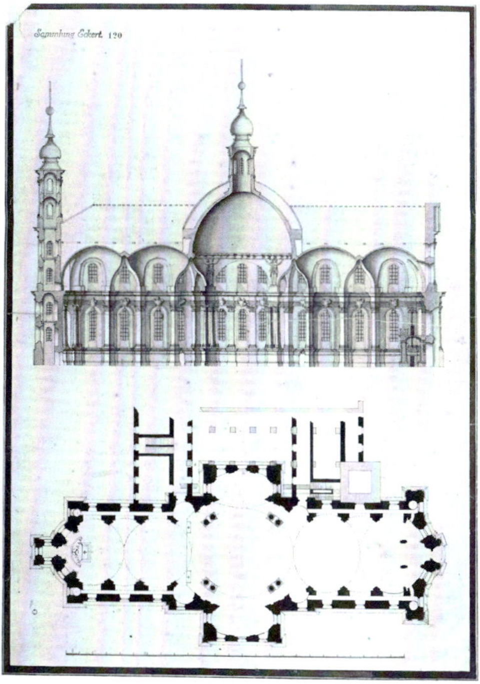

Benediktinerabteikirche Neresheim, Grundriss und Schnitt, 1749.

Grundriss. Sie nimmt erneut Neumanns lebenslanges, seit der Würzburger Schönbornkapelle immer wieder gestaltetes Thema der Rotunde in einem zweischaligen Raum auf und bindet das Langhaus mit dem Chor zusammen. Ferner deutet sie im Verein mit den beiden kurzen längsovalen Kuppeln des Querhauses eine Kreuzform im Grundriss an und spielt auf das Patrozinium der Kirche an. Die in den ersten Plänen deutlicher ausgeprägten Seitenschiffe sind zu Gängen in der Art von Emporen reduziert. Solche Kunstgriffe fördern eine große Strenge der architektonischen Erscheinung und steigern zugleich die Lichtfülle des Raumes.

Wie in Vierzehnheiligen hat der Architekt in Neresheim die Vollendung des Baus nicht erleben dürfen. Seine Nachfolger haben manches abgeändert, weshalb Neumanns architektonische Intentionen alleine in den Bauplänen nachvollzogen werden können. Trotzdem hat er im Laufe seines Wirkens das Bild der Architektur im Kirchenbau durch die Fülle des Geschaffenen entscheidend geprägt. Dies gilt nicht nur für seine Hauptwerke, von denen einige vorgestellt wurden, sondern gleichermaßen für die zahlreichen kleineren Kirchen im Land. Die von ihm ausgebildeten Baumeister und Ingenieure, die vielen Maurer und Steinhauer, die unter seiner Bauführung nach seinen Plänen gearbeitet hatten, bauten Jahrzehnte später immer noch »neumännisch«, selbst als die Erinnerung an die Person Neumanns schon zu verblassen begann.

AUSSTATTUNG UND ALTÄRE

Selbstverständlich hat sich Neumann über die von ihm gebaute Architektur hinaus stets Gedanken über die Ausstattung seiner Kirchen gemacht. Wir wissen, dass er für die Freskierung von Münsterschwarzach schon früh den Maler Nikolaus Stuber ins Gespräch gebracht hat, der 1735 das im Zweiten Weltkrieg zerstörte Kuppelfresko des Neumünsters in Würzburg gemalt hat. Zum Zuge kam schließlich Johann Evangelist Holzer. Aber das ist geradezu symptomatisch: Neumann hat ausweislich seiner erhaltenen Risse für wohl alle Kirchen eine Ausstattung geplant. Haupt- und Nebenaltäre, Kanzel oder Orgel sind in aller Regel in den Plänen eingezeichnet, wurden aber selten so ausgeführt. Und wenn, hatte sich spätestens ab der Jahrhundertmitte längst ein anderes Stilempfinden durchgesetzt. Selbst bei großen Kirchen, wie der Benediktinerabtei Münsterschwarzach, konnte es sein, dass zur Weihe eine Interimsausstattung aus älteren Altären und der Kanzel der Vorgängerkirche aufgebaut worden war und Neues erst im Laufe der Zeit angeschafft wurde. Die Gründe lagen in erster Linie an den Kosten. Als in der Filialkirche von Michelau im Steigerwald 1741 die erste Messe bar jeder Ausstattung gefeiert wurde, verlangte Fürstbischof Friedrich Karl von Schönborn, dass wegen Geldmangels »interim ein pulpitum [Pult] ahnstatt der Cantzel, oder vor dem hohen Altar die

Predig geschehen« solle. Der Pragmatiker hoffte, die weitere Ausstattung werde sich dann nach und nach schon finden. Ähnlich verhielt es sich bei der 1745 geweihten Kreuzkapelle von Kitzingen-Etwashausen.

Bei den von Neumann entworfenen Altarretabeln handelte es sich anfangs um sich in die Apsis schmiegende Säulenaltäre nach dem Typus des Kolonnadenhochaltars mit seitlichen Freifiguren und einem Altarbild im Zentrum. Altarretabeln wurden nach den tradierten Regeln von Architektur gestaltet. Diesen frühen Typus hat Neumann *cum grano salis* im Wormser Dom, in der Hof- und Franziskanerkirche in Brühl, in St. Paulin in Trier oder in St. Peter in Bruchsal beibehalten. Danach begann sich die Architektur der Retabeln in den 1740er Jahren mit der Fortentwicklung des Rokoko jedoch zunehmend in freie Formen aufzulösen. Eine wichtige Zwischenstellung nimmt der Hochaltar der Kreuzkapelle von Kitzingen-Etwashausen ein. Dort hat Neumann eine mit zwei Freisäulen instrumentierte Dreiarkadenstellung vor die nur mäßig tiefe Apsis gestellt. Dadurch wurde in deren Zentrum ein Ort für den Hauptaltar definiert, über beziehungsweise hinter dem der Kruzifixus mit einer zu seinen Füßen kauernden Magdalena sich erhebt. Die beiden Flankentravéen sind mit Türen besetzt, deren Rahmen Figuren von Maria und Johannes tragen. Selten sind Architektur und Ausstattung so sorgfältig-stimmig und zugleich unlösbar miteinander verwoben worden. Seine Fortentwicklung, vielleicht sogar seinen Höhepunkt, fand der Gedanke in Antonio Bossis Retabel aus Stuckmarmor der Schlosskirche von Werneck.

6 Der Stadtbaumeister

STADTPLAN VON WÜRZBURG UND DENKSCHRIFT

Balthasar Neumann plante und baute jedoch nicht nur Kirchen, Klöster oder Schlösser, sondern wirkte ferner mit seiner enormen, kaum nachvollziehbaren Schaffenskraft auch als Städte- und Landesplaner. Das Interesse an solchen Themen zeichnet sich schon in seinen ersten Jahren als Architekt ab. Bereits 1715 entwarf er wohl aus privatem Antrieb einen Plan der Stadt Würzburg, der sich leider nur in einer späteren Kopie erhalten hat. Die Arbeit an diesem Stadtgrundriss bot Neumann Gelegenheit, Anlage und Struktur von Würzburg zu Beginn des 18. Jahrhunderts sorgfältig zu studieren. Auf der anderen Seite lässt der Plan aus heutiger Perspektive insbesondere die großen Veränderungen erkennen, mit denen er in den folgenden rund 40 Jahren seines Wirkens die Bischofsstadt geprägt hat.

Aus dem Jahr 1720 ist zudem der Entwurf einer Neumann zugeschriebenen Denkschrift erhalten, in der in acht Punkten Vorschläge für die städtebauliche Entwicklung von Würzburg skizziert werden. Obwohl die Stadt nach dem Dreißigjährigen Krieg darüber hinausgewachsen war, bildete der noch aus dem Mittelalter stammende, wehrtechnisch völlig veraltete Befestigungsgürtel ringsum ein die Stadt einschnürendes Korsett ohne echten Nutzen. 1720 schlug der Baumeister unter anderem vor, den Graben dort mit Blumen zu bepflanzen, so dass drei Seiten der Begrenzung der Altstadt eine schattige Allee für Spaziergänge gebildet hätten. Selbst Neumann mochte sich damals jedoch nicht wirklich vorgestellt haben, wie umfassend die Veränderung des Würzburger Stadtbildes in den folgenden Jahrzehnten sein würde: Ende der 1730er Jahre schüttete er nämlich diese Gräben unter anderem mit den Steinen der geschleiften Mauern zu und gewann wertvollen Baugrund für die aus allen Nähten platzende Bischofsstadt. Selbstredend entwarf zumeist Neumann persönlich die Pläne für die Häuser etwa entlang der heutigen Theaterstraße.

THESENBLATT VON 1722

Die Denkschrift von 1720 war Ausdruck intensiver Überlegungen um das Bild der Residenzstadt Würzburg, die damals zwischen dem Fürstbischof Johann Philipp Franz von Schönborn und seinem Baumeister ausgetauscht worden sind. Es ist kaum vorstellbar, dass der Fürstbischof und Neumann, beide als Bauherr und als Baumeister wenig erfahren, solche Gedanken innerhalb der wenigen Monate seit der Wahl des Johann Philipp Franz entwickelt haben. Diese Denkschrift ist ein weiteres Beispiel, wie umfassend das Baukonzept dieses stets unterschätzten Fürstbischofs war, der in nur vier Jahren seines Episkopats Würzburg quasi umgekrempelt hat. Wir können diese Gedanken in seinem fürstbischöflichen Dekret vom September 1721 und vor allem in dem im Jahr 1722 verkündeten »Bau-Mandat« fassen und vermuten darin den Ausfluss umfassender, lange vorher schon bewegter Gedanken.

Obwohl man in diesen vom Fürstbischof selbst unterschriebenen Papieren allenfalls vermuten kann, dass Neumann an den darin vorgeschlagenen Veränderungen prägend mitgewirkt hat, wird das in dem großen von ihm 1722 gezeichneten Thesenblatt für Franz Wilhelm von Reitzenstein zur Gewissheit. Im Rahmen einer Triumphbogenarchitektur spannen Engel ein riesiges Segel mit einer Ansicht der Stadt Würzburg auf, wie man sie sich nach Vollendung der Residenz und all ihrer Neben- und Regierungsgebäude sowie nach dem Abschluss der Befestigungswerke rings um die erweiterte Altstadt unter Einschluss der Festung Marienberg vorzustellen hat. Das Thesenblatt, mit dem Reitzenstein zur Disputation seiner Doktorthesen an der Universität Würzburg eingeladen hat, ist Johann Philipp Franz von Schönborn gewidmet, er ist der Erneuerer seiner Residenzstadt. Außer der Stadtansicht finden sich auf den Säulen der Rahmenarchitektur Medaillons und Rechteckrahmen mit Projekten, die stellvertretend für Hauptwerke von Schönborns Bauprojekten stehen. Neben diversen Idealdarstellungen der Residenz im Anfangsstadium der Planung und eines weiteren Grundrisses der Stadt ist zweimal die eben begonnene Schönbornkapelle am Würzburger

Dom zu sehen. Aber auch die Festung Königshofen und der Bibliothekssaal in der von Julius Echter 1582 wiederbegründeten Alten Universität sind abgebildet.

Ausgelöst durch den Neubau der Residenz wird die Hauptstadt Würzburg neugestaltet und geordnet. In ihrem Mittelpunkt steht der Dom als das Haus Gottes, der aber durch die Schönbornkapelle und die neue Hofstraße auf besondere Weise einerseits mit der Residenz und andererseits mit dem »Haus Schönborn« verbunden ist. In ähnlicher Weise wird die Straße zwischen Dom und dem Grafeneckart an der Brücke über dem Main verbreitert und durch kleine Plätze ausgezeichnet. Dem Grafeneckart als Rathaus und Sitz der bürgerlichen Verwaltung wird durch Abbruch älterer Häuser nicht nur ein würdiger (Vor-)Platz, sondern zusätzlich ein diesen Ort hervorhebender, mit vier Röhren besonders ausgezeichneter Brunnen zugeordnet und das sich dort erhebende Rathaus damit vermutlich erstmals in der Geschichte von Würzburg als solches emanzipiert. Mit der Bibliothek der Universität wird die Bildung als wichtiges Regierungsziel angesprochen und mit der Festung in Königshofen die energische Verteidigungsfähigkeit des gesamten Hochstifts unterstrichen.

Ganz im Sinne eines modernen Marketings, jedenfalls aber einer frühen Form der Aufklärung, werden in dem Thesenblatt die künftigen Früchte der von Fürstbischof Johann Philipp Franz von Schönborn und seinem jungen Architekten Balthasar Neumann projektierten schönen neuen Residenzstadt und des gesamten Hochstifts Würzburg aller Welt verkündet. Auslöser war die überfällige Entscheidung, die Hofhaltung des Fürstbischofs in die Stadt zu verlegen. Mit dem Neubau der Residenz musste Würzburg endlich sein in Jahrhunderten gewachsenes, vielfach noch mittelalterlich verwinkeltes Stadtbild im Geiste des Barock verändern. Zudem waren neue Straßen und Plätze anzulegen und die alten Häuser zu renovieren oder neu zu bauen. Das erforderte von allen Einwohnern aus Kirche, Adel und Bürgertum die Bereitschaft, dazu viel Geld in die Hand zu nehmen. Deshalb winkten allen, die dabei mitwirkten, erhebliche Steuererleichterungen über viele Jahre.

Von Balthasar Neumann gezeichnete Ansicht von Würzburg, 1722.

Auf der anderen Seite drohten den Bauherrn und Handwerkern, die dem Mandat zuwiderhandelten oder die Anordnungen der Baukommission missachteten, empfindliche Strafen.

BAUMANDAT UND STADTBAUKOMMISSION

Schließlich mussten die baulichen Veränderungen organisiert und Regeln aufgestellt werden. Lag der Schwerpunkt des Dekrets von 1721 vor allem auf dem Verbot der in die Straßen und Gassen vorkragenden Obergeschosse, war das Baumandat von 1722 umfassender. Eine vom Fürstbischof selbst eingesetzte Stadtbaukommission mit dem Geheimen Rat Ganzhorn als Präsident, Kammerrat Fries, Balthasar Neumann, Oberbürgermeister Schmitt und Stadtbaumeister Papius traf sich fortan regelmäßig zweimal wöchentlich. Der Kommission waren alle Baupläne zur Genehmigung vorzulegen. Sie organisierte darüber hinaus selbstständig städtebauliche Veränderungen in Würzburg. Das Baumandat regelte die Bautätigkeit in Würzburg bis 1808.

Ärger in der Stadtbaukommission

Die Arbeit in der Stadtbaukommission mit ihrem Druck zu weitreichenden Veränderungen brachte allen Beteiligten nicht nur Freude ein, denn nicht immer fügten sich die Betroffenen den Anordnungen: Der Tünchermeister Eyrich hatte zum Beispiel bei diversen von ihm ausgeführten Fassaden die Bestimmungen unterlaufen beziehungsweise gegen sie sogar verstoßen. Bei Strafe musste er seine Anstriche daher wieder entfernen. Der darüber erboste Handwerker ließ sich deshalb auf der Straße dazu hinreißen, dem Kanzlisten der Baukommission nachzurufen, dass er »weder auf ihm noch auf die Bau Commission s. v. einen pfüfferling geben wollte« und musste dafür einen Tag in der Kohlenkammer büßen.

Obwohl Neumann innerhalb der Stadtbaukommission anfangs eher die Rolle eines Fachgutachters in Architekturfragen eingenommen hatte, wuchs seine Stellung im Laufe der Jahre. Vor allem in der Regierungszeit Friedrich Karls von Schönborn zwischen 1729 und 1746 war sein Einfluss so groß, dass er eingereichte Pläne ohne Hinzuziehung der Kommission genehmigte oder ablehnte. Wenn man Neumanns Handeln etwas vorwerfen kann, dann seine Neigung, als Pragmatiker im Bewusstsein der richtigen Lösung rasch selbst zu entscheiden und nicht die oft schwerfälligen Entscheidungsgänge einer Verwaltung abzuwarten. Das verursachte nicht selten großen Ärger und schuf Neumann manchen Feind.

ZWISCHEN DOM UND MAINBRÜCKE

Ein wichtiges Anliegen war die Regulierung der Domstraße in Würzburg. Neumann setzte entsprechend den Forderungen des Baumandats durch, dass unregelmäßig oder zu weit in die Straße hineinragende Häuser verkürzt beziehungsweise kleine Plätze geschaffen wurden. Damit wurde das Bild dieser städtischen Hauptachse vom Main zum Dom nicht nur vereinheitlicht und die Residenzstadt durch die barocken Fassaden repräsentativer, sondern es gelangte auch mehr Licht über die breiteren Straßen in die Häuser, was zu einem gesünderen Wohnklima beitrug. Die neuen Plätze waren in der ganzen Stadt vielfach mit Röhrenbrunnen besetzt, die an die von Neumann geschaffene Fließendwasserleitung angeschlossen waren, und luden zum Verweilen sowie zum gesellschaftlichen Miteinander ein.

Die nachhaltigsten Veränderungen nahm Neumann an der Auffahrt zur Alten Mainbrücke vor, wo er einen Brückenturm abriss, damit »dann die gaß gegen den Dom und dortige faciate herrlich in die Augen falle«, wie die Denkschrift formulierte. Bedauerlich ist, dass die Planung zur barocken Neugestaltung der Fassade des Domes, für die sogar Lucas von Hildebrandt aus Wien und Maximilian von Welsch aus Mainz Entwürfe gemacht hatten, vom Domkapitel nicht umgesetzt worden ist! Gleich zu Beginn ihrer Tätigkeit hatte sich die Stadtbaukommission die Anlage des kleinen Platzes vor dem Grafeneckart als Rathaus der Stadt vorgenommen. Um dafür Raum zu schaffen, wurden auf der Südseite einige ältere Häuser erworben und abgebrochen. Die somit aus der zweiten Reihe nach vorne gerückten Häuser aber mussten baulich erneuert werden. Damals wie heute kosten solche Maßnahmen Geld und Geduld. Schließlich errichtete Balthasar Neumann dort 1726/27 unter Zusammenfassung mehrerer Grundstücke das barocke »Gasthaus zum Hirschen« als repräsentatives Vis-à-vis zum Rathaus. In die Platzmitte setzte er 1733 als Teil der Versorgung von Würzburg mit frischem, fließendem Wasser einen Brunnen mit vier Röhren. 1766 gaben die Bildhauer Lucas von der Auwera und Peter Wagner dem Vierröhrenbrunnen seine heutige Gestalt in den Formen des reifen Rokoko.

HOFSTRASSE, KAUFHAUS AM MARKT, MARMELSTEINER HOF

In direktem Zusammenhang mit dem Residenzbau stand der Durchbruch der Hofstraße, den Neumann ab 1720 geplant hat. Die offizielle Begründung war, dass man einen bequemen

Würzburg, Kaufhaus am Markt. Aufriss der Fassade und Längsschnitt.

Anfahrtsweg für die außerhalb der Stadtmauern gelegene Residenzbaustelle schaffen wollte. Wichtiger dürfte jedoch der Wunsch nach einer direkten Verbindung der fürstlichen Residenz mit dem bischöflichen Dom gewesen sein. Nicht ohne Grund steht im Blickfeld dieser Achse die Schönbornkapelle als memento mori! Bei diesem Vorhaben hatte Neumann mit erheblichen Protesten der vom Abbruch ihrer Höfe betroffenen Anlieger, insbesondere aus den Reihen des Domkapitels zu kämpfen, da der Fürstbischof nicht schnell genug Ersatz erstellen ließ.

Das Bild des Marktplatzes in Würzburg prägte Neumann ebenfalls entscheidend. Ein Stich Salomon Kleiners von 1725 zeigt an der Südseite noch etliche unregelmäßig in den Platz hineinragende Häuser. Nach langen Verhandlungen entstand hier ab 1739 das sogenannte »Kaufhaus«, ein Geschäftshaus mit sieben Läden und dazugehörigen Wohnungen, alle mit separatem Eingang und eigener Treppe. Neumann schuf damit ein Gebäude, das den Ansprüchen der privaten Besitzer der Appartements respektive der zugehörigen Geschäfte im Erdgeschoss ebenso Rechnung trug, wie es der obrigkeitlichen Repräsentation diente. Wie stets bei Neumann sind innere Organisation des Hauses und baukünstlerischer Anspruch nicht zu trennen.

Eine Herausforderung war der 1747 erbaute Marmelsteiner Hof nahe des Würzburger Doms. Die Fassade des Hofes ordnet sich dem abknickenden Verlauf der Domerschulstraße ebenso unter wie der Nachbarschaft zu den anderen alten Domherrnhöfen mit ihren niedrigen Geschossen und meist nur durch ein Portal dominierten Fassaden. Offenbar lag beim Marmelsteiner Hof von Beginn an die Position der Portaldurchfahrt fest, da sie im Laufe der Planung nicht verändert wurde. Das machte die Aufgabe für Neumann nicht leichter. Die Lösung bestand darin, dass der Architekt den Straßenknick im Grundriss seiner Fassade einfach ignorierte und im Aufriss eine Lisene so positionierte, dass das Portal nun die Mitte der Gliederung einnimmt. Die zwei Fenstertravéen links von dieser Lisene werden somit zu Trenngliedern zur nächsten Fassade. Das Portal bildet das einzige dekorative Element und ist durchaus schlicht, ja fast etwas altertümlich gehalten. Mit dem Satteldach erreichte Neumann ebenfalls eine weitere Anpassung an die umgebenden Bauten. Zudem war dieses Dach in seinen Planungen nicht einfach nur ein Deckel, der das Haus wetterfest machte, sondern Teil der Gliederung und damit des »Ornates« des Gebäudes: Man beachte in dem Aufriss Delin II 134 in der Universitätsbibliothek Würzburg nur die beiden aneinandergerückten Dachgaupen über dem Portal, die im Verhältnis zu den übrigen Öffnungen auf dem Dach regelrecht aus der Reihe tanzen. Neumann wusste ganz genau, wo er sich an Regeln halten und wo er sie interpretieren musste, um Großes zu leisten. Die Zeit und die Bomben des 16. März 1945 haben dieses »Ballett« der Dachgaupen freilich zerstört.

Erneut müssen im gesteckten Rahmen diese wenigen Beispiele genügen, um Balthasar Neumanns Bedeutung als »Stadtbaumeister« von Würzburg herauszuarbeiten. Charakteristisch ist für ihn ein besonderes Gespür für städtebauliche

Wirkungen und die Anpassung an vorhandene Architekturen, ohne jedoch seinen eigenen Gestaltungswillen aufzugeben. Reifste Leistung in diesem Zusammenhang sind die beiden 1749 entstandenen Anbauten von Sakristei und Ornatkammer am Würzburger Domchor. Es handelt sich um kleine Baukörper mit sensibel abgestimmter Fenster- und Pilastergliederung, die sich ohne Spannung gegen den hochragenden Domchor zu behaupten wissen.

WERKE IN KITZINGEN

Neumanns städtebauliches Wirken im Hochstift Würzburg konzentrierte sich vor allem auf die Hauptstadt. Dort galt es, binnen weniger Jahrzehnte insbesondere im bürgerlichen Bauen Anschluss an den hohen architektonischen Anspruch der Residenz zu finden. Immer wieder musste sich Neumann jedoch in den Städten auf dem Land engagieren. Häufig war er zum Beispiel in Kitzingen beschäftigt. Die Stadt lag an einer wichtigen alten Reichsstraße zwischen Nürnberg und Frankfurt mit einer der wenigen Brücken über den Main. Lediglich die auf dem jenseitigen Ufer gelegene Vorstadt Etwashausen gehörte noch zum Hochstift Würzburg, während das angrenzende Mainbernheim schon Teil der Markgrafschaft Brandenburg-Ansbach war. Bis heute werden gelegentlich die Mainbernheimer Bürger im Volksmund als »Steinpreußen« bezeichnet. Zudem war Kitzingen erst 1629 von Würzburg aus der Pfandschaft der Markgrafen wieder zurückerworben worden und genoss fortan einen doppelkonfessionellen Sonderstatus. Der Grenzstadt zwischen einer katholischen und einer evangelischen Herrschaft – oder etwas pointierter: zwischen Franken und Preußen – galt fortan die besondere Fürsorge der Würzburger Fürstbischöfe, der Kitzingen deshalb das eine oder andere repräsentative Bauwerk von Balthasar Neumann zu verdanken hat. Zur Einarbeitung in die Bautopografie von Kitzingen hatte sich der Baumeister vor 1731 sogar einen »kupfernen grundriß gemeiner Statt« ausgeliehen.

Bereits als junger Ingenieurfähnrich kümmerte sich Neumann 1716 um die gefährliche Schiffspassage am Kitzinger

Mainloch. Im Jahr 1724 wird er im Zusammenhang mit einem Schlachthaus in der Mainstadt genannt, dessen Standort noch nicht verifiziert werden konnte. 1725 sollten in der Grenzstadt Kitzingen »Paraquen« (Kasernen für Soldaten) gebaut werden. Das Unternehmen zog sich jedoch länger hin. Erst zwischen 1733 und 1737 errichtete der Baumeister am Ende der heutigen Landwehrstraße an Stelle der Baracken die Invalidenkaserne als eine Art Pflegeheim für alte und versehrte Soldaten. Neben anderen Besonderheiten hatte das äußerlich schlichte Gebäude bereits so etwas wie Klosetts mit Wasserspülung: Wir wüssten davon nichts, wenn Neumann sie in seinem Schlussbericht vom März 1735 nicht eigens erwähnt hätte: »daß hauß hat [...] sambt den durch den gantzen hof geführten Canal vndt abzug deren gewesser vndt S. V. locis gekostet 3000 fl. fränk.«

In der Tat kümmerte sich der Würzburger Baumeister selbst um Kleinigkeiten und überwachte 1735 die Reparaturarbeiten im Kitzinger Amtshof persönlich. 1737 brannte der Turm der Pfarrkirche St. Johannis durch Blitzschlag ab. Der Wiederaufbau mit schlanker, taillierter Kuppelhaube und Laterne geschah selbstverständlich nicht ohne »Rat und Anweisung« Balthasar Neumanns. Gutachten zu einer von der Stadt geplanten Wasserleitung waren 1743 ebenso zu besorgen, wie 1744 die Reparatur der durch heftigen Eisgang beschädigten, für den Fernverkehr wichtigen Mainbrücke. Als Maßnahme zur Wirtschaftsförderung kann man das von Neumann 1746 bis 1751 erbaute Lagerhaus mit Kran an der Kitzinger Mainlände bezeichnen. Solche Bauten entstanden in Konkurrenz zu Anlagen wie dem ansbachischen Mainhafen in Marktsteft und dem in Marktbreit, dem am Fluss gelegenen Umschlag- und Handelsplatz der Grafschaft Schwarzenberg.

Geradezu ein »Geniestück« des Städtebauers war sein Ensemble rund um die Kreuzkapelle in Etwashausen. Eine marode spätgotische Marienkirche in der Vorstadt war endlich der wohlhabenden evangelischen Gemeinde von Kitzingen als eigenes Gotteshaus überlassen worden. Friedrich Karl von Schönborn genehmigte den Protestanten die Erneuerung der

Kirche, ließ aber zuvor zwischen 1740 und 1745 zum Teil aus eigenen Mitteln die Kreuzkapelle von Neumann errichten. Der hatte nach gründlicher Recherche vor Ort aber die katholische Kirche genau so platziert, dass sie von der Stadt die Sicht auf die von 1748 bis 1754 ebenfalls nach seinen Plänen erbaute evangelische Kirche St. Michael versperrte. Dafür nahmen Fürstbischof und Architekt sogar die Kosten einer teuren Fundamentierung des Bauwerks auf einem sogenannten Pfahlrost in Kauf. Die finanzstarken Protestanten in Kitzingen wussten sich jedoch zu helfen und bauten in ihren neuen Turm ein volltönendes Geläute ein, das in der Stadt auf der anderen Mainseite gut zu hören war. Als sich die Katholiken darüber beim Fürstbischof beschwerten, erhielten sie die bemerkenswerte Antwort, es steht ihnen »frei, auch mehr und größere Glocken anzuschaffen«. Wohl in kaum einer anderen Landestadt des Hochstifts Würzburg als in Kitzingen dürfte Balthasar Neumann mehr herrschaftliche Bauten errichtet haben.

BAMBERG: KAPITELHAUS AM DOM

Unter dem von 1729 bis 1746 regierenden Fürstbischof Friedrich Karl von Schönborn waren die beiden Hochstifte Bamberg und Würzburg in einer Hand vereint. Neumann wurde deshalb fast schon zwangsläufig auch in Bamberg zum führenden Kopf des Bauwesens. Eine seiner ersten Aufgaben bildete der Neubau des Kapitelhauses am Bamberger Dom. Das zwischen 1729 und 1732 errichtete Gebäude war eine städtebaulich schwierige Aufgabe, da der gotische Kreuzgang einzubeziehen war und die angemessene Proportion zum direkt anschließenden hochgotischen Dom gefunden werden musste. Neumann legte die Fassade des Hauptflügels mit hohem Mansarddach in die Flucht des der Stadt zugewandten Domchores. Er unterstrich die Würde des Kapitelhauses durch seine von Treppen unterstützte, erhöhte Lage. Zugleich wahrte er einen angemessenen Abstand zum Domherrnhof St. Hippolyt des Grafen von Stadion gegenüber. Wie am Marmelsteiner Hof in Würzburg nutzte er das Instrument der Gliederung

Bamberg, Kapitelhaus am Dom.

der Fassade in souveräner Weise, um den Bau für das Auge vom Dom abzuheben und schob als Trennglied eine Fensterachse zwischen Domstrebepfeiler und den folgenden Pilaster des Kapitelhauses. Dieses Bauwerk mit leicht vorgekröpftem, dreiachsigem Mittelrisalit und dem wappen-, einst figurengeschmückten Giebel, einem hohen Mansarddach und einer dreiseitigen Freitreppe gehört angesichts der schwierigen und zugleich exponierten städtebaulichen Situation sicherlich zum Feinsten, was Balthasar Neumann als Städteplaner und auf dem Gebiet des städtischen Palastbaues geleistet hat.

BAMBERG: DOMHERRNHOF ST. HIPPOLYT

Ebenfalls städtebaulich anspruchsvoll war die Aufgabe beim Domherrnhof St. Hippolyt in Bamberg im Auftrag des Domdechanten Franz Conrad Graf von Stadion. Dieses Bauwerk bildet am Eingang des Dombergs das Pendant zu dem von Johann Leonhard Dientzenhofer erbauten turmartigen Pavillon der Residenz. Zugleich fällt das Gelände an dieser Stelle zur Stadt hin stark ab. Es galt einen Ausgleich zu finden zwischen den hohen Substruktionen an der nicht einsehbaren Westseite des Domherrnhofes und der »oberirdischen« über den Rand des Domberges hinausschauenden und für die Erscheinung im Stadtbild wirksamen Curia. Das Problem wurde unter anderem dadurch gelöst, dass Neumann 1739 auf der Basis eines Vorentwurfes von Justus Heinrich Dientzenhofer an den Eingang zum Domberg als Antwort auf den Pavillon der Residenz einen um ein Geschoss über die angrenzenden Flügel des Domherrnhofes St. Hippolyt hinausragenden Pavillon setzte.

7 Der Ingenieurbaumeister

ALLTAG ALS INGENIEURBAUMEISTER

Obwohl wir Balthasar Neumann vorwiegend mit Bauwerken der Weltkultur wie der Würzburger Residenz, der Wallfahrtskirche Vierzehnheiligen oder der Benediktinerabteikirche Neresheim verbinden, war sein Alltag zumeist von Brücken, Straßen oder Wasserbauten sowie von Fortifikationsbauten und Kasernen bestimmt. Solche Aufgaben würde man heute in das Berufsbild des Ingenieurs einordnen, das sich zu Neumanns Lebzeiten allerdings erst als eigenständiges technisches Arbeitsfeld zu entwickeln begann. Er entstammte dem Handwerk und hatte sich durch Talent und Fleiß nach oben gearbeitet hatte. Später förderte er gerade solche Mitarbeiter mit einer ähnlichen Biografie. So lobte er 1739 den Würzburger Ingenieurleutnant Johann Georg Müller gegenüber Fürstbischof Friedrich Karl von Schönborn mit einem Seitenhieb auf den von ihm wenig geschätzten Ingenieurleutnant Joseph Raphael Tatz: »[...] wo ich ja nicht im überfluß derley Männer habe, die man brauchen könne, dan die junge leithe, die nur riss Copiren vndt produciren, muß ich nehmen als Studioßen, man kann aber nichts außrichten [...].« Verstärkt wird dies durch eine undatierte Aussage, nach der Neumann über sich geschrieben haben soll: »Ich habe Gott lob die Vortheil, das wass andere allein mit lehr schreiben und teorie mit so langer Zeit verliehrung oder nichts profidiren, ich in praxi darthun werdte.« In diesen Zeugnissen erweist sich Balthasar Neumann als Vertreter einer dem Handwerk entstammenden Generation des Übergangs, als in der Wolle gefärbter Praktiker.

GEFRAGTER WASSERBAUTECHNIKER

Als Ingenieur war Neumann ein gefragter Wasserbautechniker, der sich früh einen glänzenden Ruf weit über die Hochstiftsgrenzen hinaus erarbeitet hat. Voller Stolz informierte er 1725 Kurfürst Lothar Franz von Schönborn, dass er dem Baumeister des französischen Königs Germain Boffrand gestern »nacher Pariß Ein packet geschickt, so er von mir begehret alß vnßerer Canalmühl, wo durch ein rath 4 gäng getriben werdten, dan die schneidmühl, sowohl von holtz alß marmor vndt silber streck vndt dergleichen«. Er hatte den ihm etwa gleichaltrigen Boffrand während seiner französischen Reise 1723 in Paris kennengelernt und den Kollegen bei dessen Gegenbesuch im Hochstift Würzburg begleitet.

Bald gab es kaum eine wasserbautechnische Aufgabe, die Neumann nicht löste: Er legte 1726 durch eine Drainage Teile des Parks von Veitshöchheim trocken und errichtete den sogenannten Kleinen See. 1730 erneuerte er die Wasserrohre des Bamberger Sommerschlosses Seehof und seiner Gärten und setzte die verfallene Brunnenstube instand. Im November des gleichen Jahres kümmerte sich Neumann um die Versorgung der Gartenanlagen von Pommersfelden mit Wasser. 1733 weilte er erneut dort, um das Bassin einer Fontäne ausmauern zu lassen.

1731 war Neumann zu Kardinal Damian Hugo von Schönborn nach Bruchsal gereist, der große Pläne hatte. Da gab es »gar viele questiones nicht nur in den bausachen, sondern von brunnen werckern, mühlwerckern vndt wasser leidungen vndt dergleichen«. Zwei Jahre später überarbeitete er Damian Hugos Pläne für den »wasser thurn, brunnenwerck, mahl, schneid, vndt babier mühl vndt den großen bruchsaler bach zu wenden vndt zu führen, daß es diese Machinen treiben könne«. Von 1748 bis 1750 erbaute Neumann in Bruchsal eine Wasserleitung für das Schloss und den zugehörigen Park.

Von den zahlreichen Bauherren innerhalb der Familie Schönborn wurde kein solches Werk ohne seinen Rat begonnen. 1742 war er bei Franz Georg von Schönborn in Ehrenbreitstein, wo er »wegen des wasserwercks zu brühl« gefragt war. 1751 bis 1753 richtete man die Wasserversorgung von Koblenz maßgeblich nach seinen Vorschlägen ein. Neumann sah eine Leitung von der Quelle in Metternich vor, die mitten durch das Flussbett der Mosel geführt werden sollte. Da man seinem kühnen Gedanken wegen zu befürchtender Schäden durch Hochwasser und Eisgang nicht traute, wurde die Leitung später jedoch über die Moselbrücke geführt. Anstelle der von Neumann vorgeschlagenen eisernen Röhren baute man ferner aus Kostengründen »steinerne« Röhren aus gebranntem Ton ein, die sich jedoch nicht bewährt haben.

GESUNDES WASSER FÜR WÜRZBURG

Der Bau der Fließendwasserversorgung von Würzburg zwischen 1730 und 1745 bildet ohne Zweifel die wichtigste Leistung des Ingenieurs Balthasar Neumann. Die bisher über die Stadt verteilten Grundwasserbrunnen lieferten aufgrund schwankender Pegelstände nicht immer genügend Wasser. Auch war stets die Gefahr groß, dass das in den Brunnen stehende Wasser nicht wirklich sauber war und sich Seuchen ausbreiteten. Daher war die im Auftrag von Fürstbischof Friedrich Karl von Schönborn begonnene Versorgung der Bürgerschaft von Würzburg mit fließendem Wasser ein Meilenstein in der Wohlfahrt der Stadt. Hauptproblem war die Erschließung und Fassung von ausreichend und dauerhaft starken Quellen. Dem »Fäßleinsbrunn« tief unter dem Berliner Ring folgten 1735 und 1736 zwei weitere Quellen im Bereich des jetzigen Bahnhofes. Das aus diesen Quellen gespeiste Wasser leitete Neumann über Holzröhren und ein Pumpwerk respektive einen Wasserturm am heutigen Kaisergärtchen in die Stadt Würzburg. Ein erster provisorischer Röhrenbrunnen stand 1733 beim Juliusspital. Insgesamt plante Neumann am Anfang die Errichtung von bis zu neun öffentlichen Brunnen. Vom Juliusspital aus wollte er die Leitung über das Hauger Viertel auf den Markt führen. Im Oktober 1733 hatte der Ingenieur das neue »stattbrunnen werck« so weit vorangetrieben, dass er den Brunnen im Pleicher Viertel bei St. Gertraud mit zwei Röhren speisen konnte, den nahe der Mainbrücke vor dem Rathaus mit vier und beim Johanniterhof zwischen Sander- und Augustinerstraße mit einer.

Als Wasserleitung dienten in der ersten Phase hölzerne Röhren. Die waren jedoch bereits nach rund zehn Jahren marode und Neumann schlug Anfang Oktober 1744 dem Fürstbischof vor, die Holzröhren durch solche aus Blei zu ersetzen.

Das erste fließende Wasser am Vierröhrenbrunnen 1733
Die Ankunft des ersten Quellwassers am Brunnen vor dem Rathaus geriet 1733 zu einem regelrechten Volksfest: »[...] einige stehen mit Krügen, Einige mit gläser, andere mit bütten da, das wasser zu hohlen. Einer drinckhet auß der Röhren, der andere haltet den hutt auf und thun anderst als laufete wein heraus«. Eine Generation später gaben Lucas von der Auwera und Johann Peter Wagner 1766 dem Vierröhrenbrunnen seine bis heute das Stadtbild prägende kunstvolle Fassung.

Erst als es gelungen war, die Stadt Würzburg an der Finanzierung des Vorhabens zu beteiligen, konnten 1745 die Holzrohre gegen solche aus Blei getauscht werden, die über 100 Jahre ihren Dienst taten. Beim Bau der Würzburger Wasserleitung fungierte Neumann übrigens als eine Art Generalunternehmer und kassierte von 1733 bis 1752 den enormen Betrag von 10.230 Gulden (Hans-Peter Trenschel).

HEILQUELLEN

Häufig widmete sich Neumann Heilquellen: 1725 fasste er die im Jahr zuvor von dem Aschacher Pfarrer Georg Schöppner entdeckte Heilquelle von Bad Bocklet. Bekannteste Leistung auf diesem Gebiet war jedoch 1737/38 die Entdeckung und Fassung der Rakoczy-Heilquelle in Kissingen. Auslöser war die zum Schutz des lange vorher bekannten Pandour-Brunnens notwendige Verlegung des Flussbettes der fränkischen Saale. Neumanns Bericht zufolge stieß er während der Arbeit »auf eine alte fassung solcher gestalten alß wie die saltzbrunnen gefast sein mit 4 Eckbaum vndt eingeschobenen dicken Eichenen brittern«. Vergleiche mit unlängst bei archäologischen Grabungen entdeckten Brunnenbauten etwa im Bereich des Franziskanerklosters in Würzburg lassen die Vermutung aufkommen, dass Neumann hier auf eine schon im Mittelalter gefasste Quelle gestoßen sein könnte, die später wieder in Vergessenheit geraten ist.

STRASSEN UND BRÜCKEN

Der Ingenieur betätigte sich zeitlebens intensiv bei Bau und Reparatur von Straßen und Brücken. 1729 begutachtete Neumann die Reparatur zweier schadhafter Pfeiler an der Mainbrücke der Stadt Ochsenfurt. Im Jahr 1733 erneuerte er die erst 1716 erbaute Tauberbrücke bei Tauberrettersheim. Sie fehlt wegen ihrer kraftvollen Plastizität und der Schönheit der Bogenführung in keinem Fremdenverkehrsprospekt der Region. Neumann errichtete die sechs annähernd segmentbogig geführten Joche und die Pfeiler der zur Mitte ansteigenden Brücke aus Steinquadern. Sie hat an den Oberstrompfeilern hohe Eisbrechernasen mit halbrunden Pfeilerpodesten; entsprechende finden sich an der Unterstromseite auf halbrunden Pfeilervorlagen. 1733 führte er außerdem Arbeiten an der Brücke in Röttingen aus.

Bamberg kann sich rühmen, zwei Brücken nach Neumanns Plänen besessen zu haben. Die eine war die 1739 erbaute vierjochige Brücke über den linken Regnitzarm unterhalb des In-

Brücke in Tauberrettersheim.

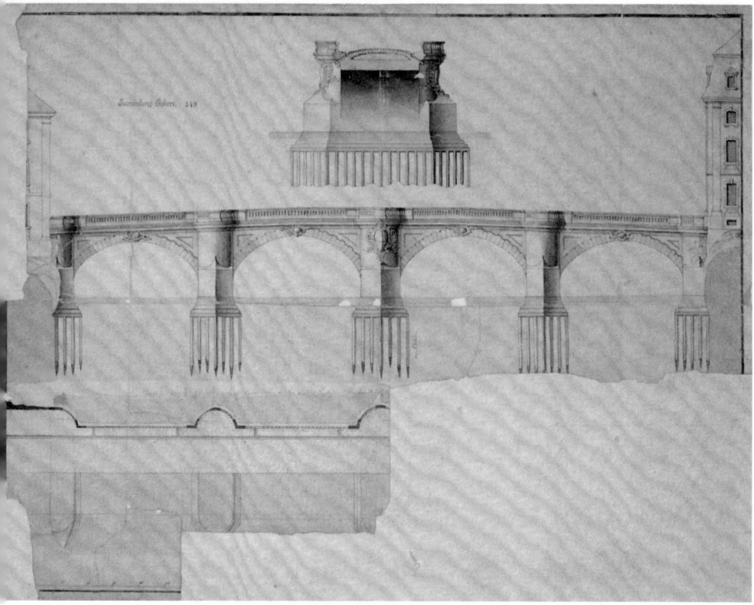

Seesbrücke in Bamberg, Querschnitt, Seitenansicht und Halbgrundriss, 1751.

selrathauses. Außer dieser Unteren Brücke gab es die 1751/52 errichtete Seesbrücke über den rechten Regnitzarm. Ihre Strompfeiler waren auf Pfahlroste aus Holz gegründet und an beiden Seiten mit Eisbrechernasen bewehrt. Das hat die zwei Brücken freilich nicht davor bewahrt, 1784 durch Eisgang zerstört zu werden.

Im Jahr 1740 erstellte Neumann ein Gutachten für die Wiederherstellung der baufällig gewordenen Alten Mainbrücke in Frankfurt. Dazu verschaffte er sich im Mai dieses Jahres vor Ort einen Überblick über die Schäden, als bereits eine »interims brücken von Zimmerwerck [...] ahngefangen wordten« war. Obwohl er viel Arbeit in sein Gutachten investiert hatte, erhielt er den Auftrag nicht. Wie es scheint, hielt das Provisorium, das Neumann kritisch sah, mehr als anderthalb Jahrhunderte, und die Alte Mainbrücke zu Frankfurt wurde erst 1914 durch einen Neubau ersetzt.

Im März 1744 hatte ein schweres Hochwasser erhebliche Schäden auch an der mittelalterlichen Brücke in Kitzingen angerichtet, die der Ingenieur »bey fallendem wasser besichtigen« wollte. Die eigentliche Reparatur fand erst im Herbst statt und Neumann konnte am 18. Oktober 1744 melden, dass er »mit der arbeit auß der gefahr [...]« sei.

Im Jahr 1733 reparierte Balthasar Neumann die »verdorbenen poststrassen« zu Remlingen und zu Roßbrunn. Fingerspitzengefühl beim Austarieren der angespannten Beziehungen zwischen dem Zisterzienserkloster und dem Würzburger Fürstbischof gebot 1738 ein Wunsch des Ebracher Abtes: Wilhelm Sölner hatte auf seiner regelmäßigen Reise zum Mutterkloster Citeaux die überall berühmten, gut ausgebauten französischen Chausseen schätzen gelernt. Bald wollte er deshalb von Neumann die Erneuerung »des bößen weegs von Ewerach auf burckwindheim« ausgeführt haben. Da sich der Würzburger Fürstbischof fragen mochte, warum nun das Hochstift dem reichen Ebracher Abt eine Straße zu seinem Schlösslein in Burgwindheim bauen sollte, schlug der gewiefte Diplomat Neumann so etwas wie einen Kompromiss vor: Er zog von den Ebracher Schanzarbeitern etwa 30 Mann ab, die an der Erneuerung dieser Straße arbeiteten. Damit waren offenbar beide Seiten zufriedengestellt, und der Zisterzienserabt hatte seine gute Chaussee nach Burtgwindheim.

HAFENANLAGEN

Immer wieder hat Neumann Hafenanlagen gebaut. Zur Versorgung des neu zu erbauenden würzburgischen Sommerschlosses in Werneck legte er ab 1731 in Garstadt am Main eine Lände für Materialtransporte zur Baustelle und einen Zimmerplatz zur Bearbeitung für das angelandete Floßholz an. Von dort errichtete er eine Straße, die in nahezu direkter, aber nur mäßig steigender Linie Garstadt und das höher gelegene Werneck verband.

Als Teil der großen Wirtschaftsförderungsmaßnahmen des Fürstbischofs Friedrich Karl von Schönborn baute Neumann in Kitzingen zwischen 1746 und 1751 die Mainlände mit Lagerhaus und Kran aus.

MÜHLEN UND LANDWIRTSCHAFTLICHE BAUTEN

Zu Neumanns Aufgaben als Ingenieurbaumeister gehörten selbstverständlich landwirtschaftliche Bauten: Er erwähnte 1733 erste Pläne für den Schüttbau in Öttershausen nahe Gaibach, der 1740/41 gebaut wurde. 1735 inspizierte er in Frickenhausen am Main die Mühle, und 1738 reparierte er zum Beispiel die Mühle in Wechterswinkel in der Rhön. Zwischen 1743 und 1749 erbaute er für das Benediktinerkloster Münsterschwarzach ein neues, sehr stattliches Mühlengebäude – fast ein Mühlenschloss –, in dem sechs Mahlgänge angetrieben wurden. Neumann wurde dabei ab 1746 von dem »Mühlarzt« (Mühlbauspezialisten) Philipp Thaler aus Erlangen unterstützt. Die Hülle dieser Mühle steht noch heute inmitten der Klosteranlage, weil sie im 19. Jahrhundert als Papierfabrik genutzt worden war. 1744 weilte Neumann in Gaibach, um dort die längst abgegangene Untere Mühle zu inspizieren. 1746 war er ferner an der Mainmühle von Haßfurt mit ihren sieben Mahlgängen beteiligt.

Münsterschwarzach, Klostermühle.

Aus Neumanns Briefen, aus den Protokollen der Würzburger Hofkammer und aus weiteren Quellen sind wir bis ins Detail über seine Ingenieurbauten unterrichtet. Erhalten haben sich davon nur wenige, meist unspektakuläre Reste. Das architektonische Werk Neumanns dokumentieren dagegen nicht alleine die erhaltenen Bauten, sondern in vielen Fällen die zugehörigen, oft kunstvoll inszenierten Architekturzeichnungen. Bei den Ingenieurbauten aber fehlen uns die meisten derartigen Belege zu den technischen Details. Da ist es schon bemerkenswert, wenn sich zur Seesbrücke in Bamberg in dem Riss Sammlung Eckert (= SE) 349 im Würzburger Museum für Franken eine solche Zeichnung von 1751 erhalten hat. Auf dem Riss sind außerdem technische Erläuterungen angebracht.

Der Artillerieoffizier und Architekt Neumann war stets auch Ingenieur. Neben Wasserbauten hat er Straßen und Brücken errichtet. Auf diesen Gebieten galt er seiner Zeit als geachteter Spezialist. Aus handwerklichen Anfängen hat sich Neumann durch Fleiß, Literaturstudium und Erfahrung großes praktisches Wissen angeeignet. Der Generalist und Praktiker Neumann aber war unbestritten einer der Väter des Berufes des Bauingenieurs. Obwohl die meisten Ingenieurbauten in den kunsthistorischen Standardwerken über den Architekten Neumann meist nur am Rand erwähnt werden, sind sie für die Beurteilung von dessen Gesamtbild unerlässlich.

8 Militär- und Befestigungsbauwerke

KRIEGSBAUMEISTER

Über all dem, was Neumann als Architekt geplant und gebaut hat, darf man nicht vergessen, dass er als Offizier und – zuletzt – Obrist des fränkischen Kreises für Bau und Ausrüstung von Kasernen und Befestigungsanlagen in den Hochstiften Würzburg und ab 1729 in Bamberg ebenfalls zuständig war. Es ist bezeichnend, dass diese Seite seines vielschichtigen Schaffens in der Kunstliteratur allenfalls andeutend registriert wird.

Als Artillerist war Neumann zum Beispiel für die Beschaffung des Pulvers und die Aufsicht über die entsprechenden Bestände in Würzburg, Bamberg und später im fränkischen Reichskreis zuständig. So inspizierte er 1730 in Forchheim und Kronach »die stück Kugel, Bomben, pulfer, Salpeter, waß zu viel oder zu wenig vndt zum verkauf sein mag« und legte dem Fürstbischof Friedrich Karl von Schönborn einen entsprechenden Bericht vor. Im Jahr 1733 besuchte er zu Nürnberg das »löbl. fränckische Zeughaus derer Artillerie vndt was dazu gehert«. Noch 1741 beschäftigte er sich als Obrist persönlich mit der Beschaffung großer Mengen möglichst preiswerten Salpeters zur Pulverherstellung.

Seit 1722 war Neumann außerdem Vorstand der Würzburger Pulvermühle. Diese Tätigkeit war brandgefährlich, und tatsächlich explodierte im Jahr 1730 ein Bretterhaus bei der Pulvermühle und musste neu gebaut werden. Unter den 1803 in Würzburg versteigerten Entwürfen Balthasar Neumanns befanden sich von ihm signierte, leider verschollene Risse für ein Pulver-Magazin und ein Laboratorium. Zu den Kommandos, die alleine von Offizieren befehligt werden durften, die Neumanns besonderes Vertrauen genossen, gehörten insbesondere Munitionstransporte. Anfang 1741 war es Leutnant Johann Georg Müller, der 200 Zentner Pulver von der Hauptstadt Würzburg in die Festung Königshofen zu transportieren hatte.

SCHIESSÜBUNGEN

Obwohl oder vielleicht weil er nie wirklich im Feld gestanden hat, musste der Artillerieoffizier Neumann den Gebrauch der Kanonen mit seinen Soldaten immer wieder üben. Zum Beispiel ordnete Friedrich Karl von Schönborn 1735 ein zehntägiges feldmäßiges Exerzitium der fränkischen Kreisartillerie auf den Fluren des Frauenklosters Unterzell an. Feuerwerker und Stückmeister aus dem in Würzburg stationierten Militär und aus der Bürgerschaft, Soldaten aus Bamberg und Forchheim sowie zusätzlich eingeladene Mannschaften aus Frankfurt am Main schossen damals mit ihren Geschützen und Mörsern vom Unterzeller Ufer aus über den Main auf große und kleine Scheiben, die dazu im Garten des Zeller Dorfschultheißen unterhalb der Landstraße aufgestellt worden waren. Ein großes Feuerwerk beschloss das erfolgreiche Manöver am 22. September 1735. Von einer weiteren derartigen Übung der Artillerie unter Neumanns Leitung hören wir im Jahr 1749.

BEFESTIGUNG VON WÜRZBURG

Nicht erst seit dem Ende des Dreißigjährigen Krieges wurde die Fortifikation von Würzburg und seiner die Stadt überragenden Festung Marienberg systematisch verstärkt. Der Berg erhielt in über 100-jähriger Arbeit seine noch in großen Teilen vorhandene wehrhafte Bastionärbefestigung. Die einzelnen Bauabschnitte lassen sich an den daran angebrachten Wappen der jeweiligen Fürstbischöfe ablesen. Eine wichtige Rolle spielte in den 1720er Jahren der Mainzer Architekt Maximilian von Welsch. Nach seinen Plänen wurde ab 1724 der südwestlich in den Leistengrund vorgelagerte Maschikuliturm über kreisrundem Grundriss unter der Leitung Neumanns errichtet und 1728 weitgehend abgeschlossen. Vor allem Johann Philipp Franz von Schönborn, aber auch seine Nachfolger trieben diese Maßnahmen unter der Beteiligung von vielen Hundert Fronschänzern aus allen Landesteilen energisch voran.

Festungsbau contra Neue Residenz: Ein Kommentar aus Mainz

Über den aus seiner Sicht überflüssigen Eifer beim Ausbau der Würzburger Festung machte sich 1720 der mächtige Mainzer Kurfürst-Erzbischof Lothar Franz von Schönborn (reg. 1693–1729) lustig, dem es lieber gewesen wäre, wenn sein Neffe Johann Philipp Franz all seine Energie und alles Geld auf den Bau der Residenz geworfen hätte: »Unser bischoff von Würzburg wirdt je mehr undt mehr der gott Mars undt mueß alles über kopf undt hals schantzen. Ich meines orths thete bei der fortificirung des schloss pleiben, indem doch aus der statt, mann mag sie sieden oder brathen, nichts besonderes gemacht werden kann.«

Unter dem Eindruck des Polnischen Erbfolgekrieges verstärkte jedoch auch Friedrich Karl von Schönborn 1735 diese Anstrengungen. Er informierte im Jahr darauf den würzburgischen Hofkriegsrat mit eindringlichen Worten, »daß Würzburg geradezu als eine Grenzfestung angesehen werden müsse. Die Befestigung des Platzes sei demnach zunächst zu vollenden, zumal vom Rhein ab bis nach Böhmen sonst kein richtiger verteidigungsfähiger Platz mehr bestehe; alsdann wären nicht nur 3–4000 Mann geworbener und 3000 exerzierte Landsoldaten beizubehalten, sondern später beide Teile des Heeres noch um ein Regiment zu vermehren.« Das erklärt den Bau der zahlreichen Würzburger Kasernen in dieser Zeit.

Schon in der wohl von Balthasar Neumann verfassten Denkschrift von 1720 ist die Errichtung einer Kaserne in Würzburg ein Thema. Sie sollten vom Sandertor bis zur Büttnerstraße reichen. Tatsächlich entstand von 1723 bis 1729 nach Neumanns Plänen die etwa 250 Meter lange, dreigeschossige, durch einen Mittelpavillon gegliederte Mainkaserne mit Mansarddach beim Pleidenturm oberhalb der Alten Mainbrücke. Ursprünglich fanden darin 2000 Soldaten ihre Unterkunft. Von einem hohen Sockelgeschoss zum direkt angrenzenden Fluss hin vor Hochwasser geschützt, wies das

Gebäude am Main in regelmäßiger Folge Aborterker auf. Der Bau ist ein Opfer der Bomben des 16. März 1945 geworden.

KASERNENBAUTEN IN KITZINGEN UND WALKERSHOFEN

Nachdem die Hofkammer 1721 den Bau einer Kaserne in der Würzburger Grenzstadt Kitzingen ins Gespräch gebracht hatte, wurde bald darauf nach Plänen Balthasar Neumanns mit dem Bau im südlichsten Bereich der Altstadt entlang der heutigen Landwehrstraße begonnen. Die 1725 nahezu fertige Kaserne blieb jedoch zunächst als Bauruine liegen und wurde in Teilen wenigstens zeitweise als Schüttboden zweckentfremdet. Schließlich richtete man das Gebäude zwischen 1733 und 1735 als Invalidenkaserne für alte und kranke Soldaten ein. Es handelte sich anfangs um eine zweiflügelige Anlage mit zwei Geschossen und Mansarddach, die vor 1770 im Süden um einen weiteren Flügel erweitert worden ist. 1751 sollte Neumann Krankenstuben darin einrichten, was aber dann Stückleutnant Veit Koch besorgte.

Unter den von dem untreuen Kammerpräsidenten Gallus Jakob im Mai 1721 konfiszierten Liegenschaften befand sich auch das nahe Uffenheim gelegene Rittergut Walkershofen als würzburgische Enklave in der Markgrafschaft Ansbach. Noch in der Phase des Überganges legte Neumann im April 1721 erste Pläne zu einem »Baraquenbaw« für 400 Soldaten dort vor. Vermutlich wurde aber in Walkershofen nicht neu gebaut, sondern das Schloss selbst als Kaserne adaptiert. Spätestens 1725 dürfte die Kaserne dort aber wieder aufgegeben worden sein.

FESTUNGEN IN KRONACH, KOBLENZ UND KÖNIGSHOFEN

Etwa gleichzeitig war Neumann 1730 bis 1733 in der Festung Rosenberg im oberfränkischen Kronach tätig, die als Bollwerk des Hochstifts Bamberg an der Nordgrenze Frankens diente. Dort wurde eine aus der zweiten Hälfte des 13. Jahrhunderts stammende frühere Kemenate in der Kernburg nach seiner Planung zu einer dreigeschossigen Kaserne umgebaut. Nachdem Neumanns Bamberger Stellvertreter Johann Michael Küchel 1745 die Aufsicht über die Festung erhalten hatte, entstanden weitere Vorwerke. In der Bamberger Festungsstadt Forchheim baute Neumann zwischen 1730 und 1735 eine Kaserne als Mansarddachbau.

In Koblenz-Ehrenbreitstein wurde ab 1733 unter Beratung Neumanns und der Bauleitung seines Schülers Johannes Seitz eine schon seit dem 11./12. Jahrhundert befestigte Bergzunge hoch über dem Rhein gegenüber der Moselmündung verstärkt. Die unter Kurfürst-Erzbischof Franz Georg von Schönborn nach Norden vorgelagerte, umfangreiche barocke Fortifikation erhielt den Namen »Schönbornwerke«.

Ebenfalls zur Verteidigung gegen französische Truppen verstärkte Neumann 1734/35 die Landseite der Befestigung von Koblenz. Er legte dazu drei weitere Kavaliere vor die von ihm endgültig geformten bastionierten Wälle mit Kurtinen.

Für das aus 280 Mann bestehende fürstbischöfliche Kreiskontingent von Fürstbischof Christoph Franz von Hutten in Bruchsal entwarf Neumann 1746 eine Kaserne. Bis dahin waren die Soldaten und Offiziere in Bürgerhäusern einquartiert gewesen. Zwei parallel zueinanderstehende, doppelgeschossige Flügel über jeweils L-förmigem Grundriss schließen einen geräumigen Hof ein. Die beiden kurzen Flügel entlang der Huttenstraße sind durch ein Gittertor mit Wachthäuschen verbunden. Der Bau wurde von 1750 bis 1753 von Johann Georg und Johann Leonhard Stahl ausgeführt.

Fürstbischof Friedrich Karl von Schönborn (reg. 1729–1746) dürfte noch in seinen letzten Regierungsjahren den Bau eines Militärspitals nördlich des Würzburger Schottenklosters auf der Bastion 35 in Angriff genommen haben. Vermutlich geschah die Planung dafür zwar unter der Oberleitung Balthasar Neumann, die Bauausführung wurde aber von seinem Mitarbeiter Capitain Michael Anton Müller überwacht, der im Jahr 1752 Neumanns Nachfolger als »Dozent für Civil- und Militärbaukunst« an der Universität Würzburg war. Bei dem Militärspital, das den Zweiten Weltkrieg relativ unbeschadet überstanden hat, handelt es sich um einen dreigeschossigen Bau mit zwölf Fensterachsen und Mansarddach.

Als wichtige Festungsanlage zur Verteidigung der Nordgrenze des Hochstifts Würzburg wurde die Fortifikation von Königshofen im Grabfeld bereits unter Fürstbischof Johann Philipp von Schönborn (reg. 1642–1673) in den Jahren 1650 bis 1657 mit einer Umwallung an der Süd- und Westseite verstärkt. Auf Betreiben von Johann Philipp Franz von Schönborn hielt sich Maximilian von Welsch 1720 in Königshofen auf, um Vorschläge für die Verbesserung der Fortifikationen dort zu machen. Neumann nahm diesen Faden sofort auf: In dem von ihm 1722 gezeichneten Thesenblatt mit der Ansicht von Würzburg zeigt ein Medaillon einen Grundriss der Festung Königshofen. Daraus wird deren Bedeutung für das Bauprogramm des Hochstifts in den kommenden Jahrzehnten anschaulich. In der Tat war Balthasar Neumann zeitlebens mit der Verbesserung der Fortifikationen in Königshofen befasst. Noch im Juli 1751 legte er eine Planung für die Dreiflügelanlage einer Kaserne mit Mansarddach im Südosten der Stadt vor. Sie ist aber erst nach vielem Hin und Her sowie manchen Veränderungen von Johann Michael Fischer bis 1771 ausgeführt worden.

9 Architekt der Aufklärung?

NEUMANNS ARCHITEKTURVERSTÄNDNIS

Wir sind durch Neumanns Briefe an seine Bauherren, allen voran Friedrich Karl von Schönborn, taggenau darüber informiert, was gebaut wurde. Zu vielen Bauten sind die Rechnungen erhalten, die uns über Details der Arbeiten Auskunft geben. Wir können in den überlieferten Architekturzeichnungen – zum Beispiel der Sammlung Eckert im Museum für Franken in Würzburg – bis in Einzelheiten die Genese vieler Bauwerke nachvollziehen. Weder Briefe noch Zeichnungen oder Rechnungen geben uns aber den kleinsten Hinweis auf die theoretischen Grundlagen seines Bauens. Neumann verrät uns an keiner Stelle seiner schriftlichen Zeugnisse etwas über die »Ideen«, die seinen Architekturen zugrunde liegen. So findet sich beispielsweise das Wort »Rotunde« – oder ein diese Erscheinung beschreibendes anderes Wort – nirgendwo in seiner Korrespondenz.

Ähnlich wenig wissen wir über die Quellen seines Architekturverständnisses. Sicher ist, dass ihn Antonio Petrini, der Erbauer von Stift Haug in Würzburg oder von St. Stephan in Bamberg, abgesehen von allgemeinen technischen Fertigkeiten nicht beeinflusst hat. Dazu sind dessen Bauten zu massiv und von geradezu blockhaft geschichteter Tektonik. Auch der Würzburger Ingenieurhauptmann Andreas Müller und der aus dem Zimmerhandwerk kommende Joseph Greissing haben Neumann gewiss nicht mehr als die Anfangsgründe seines Faches, handwerkliche Grundlagen und vielleicht auch Fähigkeiten wie die Organisation von Baustellen beibringen können. Man hat wegen Neumanns kurzen Aufenthaltes 1718 in Mailand an das Schaffen des Theatinerpaters und Architekten Guarino Guarini (1624–1683) gedacht. Aber kann so eine Stippvisite ein ganzes Architektenleben beeinflussen? Näher war Neumann da schon das Wirken der Baumeister aus der Familie Dientzenhofer, dem er in Bamberg, Banz, Gaibach, Ebrach, Fulda oder in Pommersfelden vielfach begegnet ist. Bei der Verbindung von innenräumlicher Struktur und äußerer Schale mag es bisher nicht näher untersuchte Ähnlichkeiten von Neumanns Art zu bauen und der vermutlich von Leonhard Dientzenhofer (1660–1707) stammenden, 1697/98 erbauten Kreuzkapelle oberhalb von Gaibach geben. Es fällt eine gewisse Nähe von Neumanns Abteikirche in Münsterschwarzach zu Johann Dientzenhofers (1663–1726) von 1704 bis 1712 errichteten Fuldaer Dom auf. Vergleicht man jedoch Neumanns Architekturen mit der ab 1710 von Dientzenhofer erbauten Abteikirche in Banz, dann überwiegen elementare Unterschiede: Die dortige Architektur ist von den Grenzen her definiert und nur die Wände sind kurviert, nicht die Räume der Rotunden wie bei Neumann. Grundsätzlich aber gilt, selbst wenn er sich auf solche und andere Vorbilder bezogen haben sollte, verrät er es uns in den bisher bekannten Quellen mit keinem Wort.

ARCHITEKTUR UND GEOMETRIE

Neumanns Architekturen sind von Anfang an konturscharf proportionierte Kunstwerke, ohne dabei jedoch »blutleer« und »kalt« zu erscheinen. 1744 heißt es im Zimmermannsspruch zur Vollendung des Dachwerks der Würzburger Residenz, dass »Grund und Riß«, »Theilung, Maaß und Zoll« die Grundhaltung seines von Geometrie und mathematischer Schärfe geprägten architektonischen Werks charakterisieren. Dabei wusste sich Neumann sehr wohl von bloßer »Aufputzzircklerey« abzugrenzen, mit der er Gottfried Heinrich Krohnes dilettantisches Eingreifen in seine Pläne für Vierzehnheiligen abqualifiziert haben soll: Kreisfiguren auf Grundrissen erzeugen noch keine qualitätvolle Architektur.

Verglichen mit Bildhauer- oder Malerarchitekten wie den Brüderpaaren Cosmas Damian (1686–1739) und Ägid Qurin Asam (1692–1750) oder Johann Baptist (1680–1758) und Dominikus Zimmermann (1685–1766), die die Münchner Asamkirche oder die Wieskirche im Allgäu geschaffen haben, sind Neumanns Kirchen Vierzehnheiligen oder Neresheim jedoch keine Bauwerke, die mit dem Stilbegriff Rokoko alleine zu fassen wären. Dennoch entspricht seine Art, die Architektur der

Vierzehnheiligen, Inneres der Wallfahrtskirche mit dem Gnadenaltar.

von ihm gestalteten Räume auf das anschaulich notwendige Minimum zu reduzieren und ihnen Anmutungen von bewegter Leichtigkeit zu geben, dem Rokoko. Sein Werk, so die These, geht weit über das Rokoko gemeinhin hinaus, ohne jedoch in den Klassizismus zu münden. Neumann verbindet in seiner Architektur die Ideenwelt der Aufklärung mit seiner Auffassung von der Baukunst des Rokoko.

ROKOKO UND AUFKLÄRUNG

Es war der Kunsthistoriker Erich Hubala (1920–1994), der in den späten 1960er Jahren erstmals bezweifelt hat, »daß Aufklärung und Rokoko Gegensätze sind«. Bereits seit der Schönbornkapelle am Würzburger Dom oder der Propsteikirche Holzkirchen bestimmen Neumanns Architekturen aus dem System der Rotunde entwickelte, nur dem hastigen Blick immer komplizierter erscheinende Raumstrukturen. Das einzelne Element von Neumanns Architektur wie dessen Organi-

Aufklärung
Die Epoche der Aufklärung zwischen 1710 und 1785 wollte sich mit der Kraft des Verstandes aus dem Dunkel des Mittelalters befreien, in dem eine allmächtige Kirche jeden eigenständigen Gedanken unterbunden hatte. Diesem Dunkel setzte die Philosophie das »Licht« oder auch die »Erleuchtung« als Zeichen der Aufklärung entgegen. Im Englischen wird die Epoche »Age of Enlightenment« genannt und im Französischen spricht man von »le Siècle des Lumières«.

sation in der Gesamtheit bleibt stets ablesbar. Zugleich bildet das Licht, die Gestaltung von Licht durch die Architektur, eine besondere Qualität Neumann'scher Bauten, durch das sie sich überhaupt erst für unsere Anschauung »entfalten« können.

Die Art, wie der Baumeister im Laufe der Jahre die Mantelmauern und Gewölbeschalen seiner miteinander verschränkten Rotunden zunehmend auflöste, ist zunächst eine intellektuelle Leistung: Sie ist aber auch seiner großen praktischen Erfahrung zu verdanken, die es ihm ermöglichte, den materiellen Anteil seiner Architekturen mehr und mehr zu reduzieren. Sie ist darüber hinaus bedeutende Architektur, weil sie für den Menschen in diesen Räumen, jenseits des mit kaltem Verstand Analysierbarem, stets anschaulich und wahrnehmbar zugleich bleibt.

ARCHITEKTUR UND LICHTGESTALTUNG

Die Kernbegriffe der Aufklärung, nämlich »Verstand« respektive »Vernunft« sowie »Licht« respektive »Erleuchtung«, dürfen dabei nicht eindimensional interpretiert werden. Im Wissen um diese Vielschichtigkeit sollen deshalb im Folgenden einige Kirchenbauten Neumanns betrachtet werden, in denen diese beiden Elemente als zentrale Eigenschaften der Aufklärung angewandt worden sind.

Bei der als monumentales Kenotaph gebauten Schönbornkapelle am Dom in Würzburg wird das wenige von außen eindringende Licht, wenn man so will, aus ikonographischen

Gründen ex negativo eingesetzt. Die in den frühen 1730er Jahren gebaute Würzburger Hofkirche lässt sich ebenfalls noch nicht als Beispiel für eine Architektur der Aufklärung heranziehen. Zwar ist dort die Verschränkung von Neumanns Rotunden von gewohnt mathematischer Präzision, aber die massiven Eingriffe Hildebrandts und der Umgang mit der schwierigen Lichtsituation, dem eher diffusem Licht von nur zwei Seiten, sind Ausdruck einer elementar barocken Haltung in der Architektur.

Bei der ab 1730 erbauten Wallfahrtskirche von Gößweinstein steigert sich dagegen die Lichtfülle vom dunklen Eingang unter der Orgelempore im Westen über das maßvoll von den Seiten her belichtete, zweijochige Langhaus hin zu dem in den Gesamtraum hinein versenkten und von jeweils drei Fenstern über die beiden Querhäuser erhellten Kuppelraum bis hin zum Gnadenaltar als Höhepunkt, dem alleine vier Fenster Licht spenden. Leider hat eine spätere Ausstattung manches verunklärt. Und doch spürt man Neumanns Lichtregie spätestens dann, wenn sich beim Einzug einer Wallfahrergruppe zunächst Langhaus und Kuppelraum und am Ende dieser Gnadenaltar durch das einfallende Licht in ein für das Auge immateriell erscheinendes Gebilde verwandelt.

Die Architekturgestalt der seit der zweiten Hälfte der 1730er Jahre geplanten Schlosskirche von Werneck ist von ihrer Grundidee eine Mittelrotunde über längsovalem Grundriss mit Satellitenräumen unterschiedlicher Qualität. Die daraus zusammen mit den Fensteröffnungen entwickelte Lichtführung verleiht dem kleinen Kirchenraum Richtung und Struktur: Von der mittleren Haupttüre aus betritt der Besucher diese Kirche zunächst über einen relativ dunklen, unter der Empore gelegenen Vorraum. Deutlich mehr Licht erfuhr der Fürstbischof – und mit ihm seine Entourage – auf den Logenplätzen im piano nobile darüber, die, ihrem Rang im damaligen Gesellschaftssystem entsprechend, ungehindert Licht von den Fenstern im Westen und Norden erhielten. Insgesamt steigert sich die Lichtführung bis hin zu den beiden im Osten gelegenen Eckrotunden seitlich vom Hauptaltar, die jeweils von zwei raumhohen Fensterbahnen belichtet werden. Sie fassen den Altar wie »Lichtsäulen« ein und präparieren ihn als besonderen Ort des Gottesdienstes regelrecht heraus.

Daran schließt sich hinsichtlich ihrer Entstehungszeit die 1745 geweihte Heiligkreuzkirche in Kitzingen-Etwashausen an. Hier verbinden sich die Raumteile, von der auf vier Säulenpaaren ruhenden, freistehenden Rotunde der Vierungskuppel gleichermaßen angezogen und zugleich von dort ausstrahlend, zu einer ob ihrer Vielgliedrigkeit zwar einfachen, aber architektonisch völlig stringenten und mathematisch exakten Architektur. Weil der kleine Raum nahezu ohne Ausstattung geblieben ist, modelliert das von allen Seiten aus hohen Fensteröffnungen in die freistehende Kirche eindringende Licht die Architektur auf merkwürdig weiche und doch zugleich exakte Weise.

Das, was in Etwashausen durch die Kreuzform des äußeren Grundrisses noch hart in der Verbindung von Rotunde und Hüllraum erscheinen mag, wird in der zwischen 1742 und 1745 erbauten, einstigen Schönborn'schen Patronatskirche Hl. Dreifaltigkeit in Gaibach erheblich geschmeidiger. Hier wie in Etwashausen wird die Grundrissgestalt dem Patrozinium verdankt: An den zentralen Kuppelraum schmiegen sich in Gaibach drei Anräume über ellipsoidem Grundriss. Kuppelraum und Anräume sind zu einem Raum geworden. Überdies sind hier zum ersten Mal Innenraum und äußere Hülle zu einer Figur verschmolzen, obgleich das Prinzip der Zweischaligkeit von Kuppel und Hülle glasklar ablesbar ist. Diese Reinheit »aufgeklärter« Architektur bleibt einzigartig in Neumanns Schaffen zu Lebzeiten.

In der ab 1743 errichteten Wallfahrtskirche von Vierzehnheiligen hat sich Neumann trotz oder gerade wegen der baulichen Eingriffe von Gottfried Heinrich Krohne ins Geniale gesteigert. »In Vierzehnheiligen«, um es mit den Worten von Werner Hager zu sagen, »erreicht die mathematische Raumkunst des Barocks [...] ihre [...] Vollendung. Neumann verwirklicht das Höchste an Raumverwandlung aus errechneter, wahrer Gestalt, ohne malerische Vortäuschung, ohne ausschlaggebende Mitwirkung des Scheins.« In drei Stockwerken übereinander sind die Fenster angeordnet und spenden ihr reichliches Licht bis in die Gewölbezone hinein. Aber auch Vierzehnheiligen ist im Sinne einer Architektur der Aufklärung voller Tragik: Balthasar Neumann war es zwar gelungen, Krohnes eigenmächtige Eingriffe durch seine Architektur zu kompensieren. Dafür musste er post mortem für die »altbayerische« Stuckausstattung einen Preis zahlen, von den heute kaum noch in ihrer originalen Erscheinung zu beurteilenden Deckengemälden ganz zu schweigen: Die Rotunden im Chor und in den Seitenschiffen hätten Neumanns Fensterbahnen über drei Geschosse hinweg in einen Tempel des Lichts verwandelt. Heute hält ein mächtiger Hochaltar mit seinen weit ausgebreiteten »Armen« das einfallende Licht beinahe demonstrativ draußen. Im Übrigen hätte das aus den Fenstern einströmende Licht die Gewölbe geradezu entmaterialisiert und zum Himmel hin »aufgerissen«. Der Deckenstuck und dort vor allem die goldfarbenen Gurtbänder »zurren« diesen Himmel im Verein mit den dunkel lastenden Fresken heute geradezu auf der Erde fest.

Die ab 1745 geplante Benediktinerabteikirche Heiligkreuz in Neresheim wurde ebenfalls lange nach Neumanns Tod vollendet. Dennoch erscheint der Bau in seiner Klarheit – ungeachtet aller posthumen, insbesondere die Technik der Gewölbe betreffenden Eingriffe im Sinne des Baumeisters – konsequent durchgebildet. Neresheim steht für die Architektur gewordene Schärfe und Klarheit des Geistes Neumanns! Die in Weiß gehaltene Raumfassung wird von wenigen, aus rotem Stuckmarmor mit goldenen Ornamenten bestehenden Details der Ausstattung akzentuiert, ohne dass sie den Primat der Architektur überlagern oder gefährden würden. Der in Weiß und Gold gehaltene Hochaltar beschränkt sich auf den ihm zugewiesenen Raum zwischen den Chorfenstern im

Benediktinerabteikirche Neresheim, Inneres gegen den Chor.

Osten und verschmilzt mit dem dort einfallenden Licht. Vielleicht hat man die bereits aufgestellten vier Riesensäulen beiderseits dieses Altars deshalb wieder abgebrochen, um das Licht ungehindert eindringen zu lassen? Dieses Licht breitet sich im gesamten Kirchenraum aus zahlreichen weiteren, in zwei Stockwerken angeordneten Fenstern von Osten nach Westen, vom Aufgang bis zum Niedergang der Sonne, eindringend derart intensiv aus, dass man sich des Eindrucks nicht erwehren kann, dass das durch die Architektur gefasste und gestaltete Innenlicht des Gotteshauses heller und strahlender ist, als es das natürliche Sonnenlicht je sein könnte. Ohne die illusionistischen Bilder Martin Knollers im Geiste des ausklingenden Rokoko wäre Neresheim zu *dem* Tempel der Aufklärung schlechthin geworden.

Mit Maria Limbach, der von 1751 bis 1755 erbauten Kirche, gibt es ein letztes von Balthasar Neumann geplantes Gotteshaus, das als Beleg für eine Architektur der Aufklärung dienen kann. Der Ingenieur Hans Reuther beschreibt den Raum »als eine nach Süden orientierte tonnengewölbte Wandpfeilerkirche mit umlaufendem Emporengang und Chorturm sowie frühklassizistischer Schaufront«. So weit, so einfach! Und doch ist die Architektur von Maria Limbach wesentlich komplexer. Anfangs hatte Neumann ein aus zwei sich berührenden, querovalen Rotunden gefügtes Langhaus geplant, auf das die Rotunde des Chores über kreisrundem Grundriss folgen sollte. In der nur scheinbar schlichteren Ausführung wird der Kern des dreijochigen Langhauses sowie des zweijochigen, ebenfalls von einer Tonne überwölbten Chors von einer zweiten Raumschale umgeben, die eine die ganze Kirche umlaufende Empore aufnimmt und sie wie eine horizontale Klammer verbindet. Jenseits dieses verschatteten Mantels füllt das durch die Fenster in der Außenwand eindringende Licht in weicher und diffuser Form den ganzen Innenraum aus. Diese Führung des Lichts ist das Thema des perspektivischen Längsschnitts SE 196, den Neumanns Sohn Franz Ignaz Michael Neumann 1753 im Todesjahr des Vaters gezeichnet hat. Die Architektur von Maria Limbach ist von bestechender

Franz Ignaz Michael Neumann, Maria Limbach, Längsschnitt, 1753.

Einfachheit und in der Lichtführung zugleich ungemein raffiniert. Kurvierte Räume, die Balthasar Neumann sein ganzes Leben inszeniert hat, sind nun zugunsten einer das Licht gestaltenden Architektur aufgegeben. Damit deutet sich an, welchen Weg der Architekt beschritten haben könnte, wäre ihm ein längeres Leben beschieden gewesen. Sie zeigt in der vom Sohn angefertigten Zeichnung aber auch an, dass dieser trotz seiner Jugend für sich in Anspruch genommen hat, der »wahre Erbe« seines Vaters zu sein, so wie er dies wenig später in seinem berühmten Konstruktionsriss SE 129 für Neresheim von 1755 eindrucksvoll unter Beweis gestellt hat.

Schlusswort

Balthasar Neumann hat als Architekt, als Bauingenieur, als Artillerieoffizier und in manch anderer Profession von Würzburg aus ein vielseitiges, kaum zu überschauendes Werk hinterlassen, das die Baukunst des Barock in Europa zu einem letzten glanzvollen Höhepunkt geführt hat. Seit über 130 Jahren setzt sich die Kunstgeschichte mit dem Schaffen wissenschaftlich auseinander. Die Hauptwerke wie etwa die Würzburger Residenz oder Vierzehnheiligen und die Abteikirche Neresheim sind stets Gegenstand der Forschung gewesen, und doch sind noch längst nicht alle Fragen zu Neumanns Œuvre beantwortet. Darüber hinaus stellt jede Generation neue Fragen oder sieht aus einem anderen Blickwinkel auf sein Schaffen. So wollte Cornelius Gurlitt in seiner »Geschichte des Barockstiles und des Rococo in Deutschland« von 1889 in Neumanns Werk eine »merkwürdige Mischung aller der in Franken wirkenden Kunstanschauungen« sehen. Trotz der Monografien von Joseph Keller (1896), Karl Lohmeyer (1911 und 1922) oder Georg Eckert (1917) blieb Neumann im Urteil der Literatur lange nur ein geschickter Kompilator. In ihrer nicht nur wegen der verarbeiteten Quellen bis heute wichtigen Publikation über die Würzburger Residenz von 1923 machten Richard Sedlmaier und Rudolf Pfister dem Architekten Neumann gar die Autorschaft an diesem Hauptwerk streitig. Ein Fechtwort damals war der durch Hans Rose 1922 in die Diskussion eingebrachte Begriff der »kollektivistischen Planung«, die als zentrales Stilphänomen der Epoche zwischen 1660 und 1780 verstanden wurde. Als das Ergebnis eines intensiven wissenschaftlichen Diskurses begann sich Balthasar Neumann in der Folge in der kunstgeschichtlichen Forschung jedoch mehr und mehr als Künstler von europäischem Rang zu profilieren, der die heterogenen Einflüsse von Architekten wie Johann Lucas von Hildebrandt über Maximilian von Welsch oder auch von Robert de Cotte und Germain Boffrand sowie vieler anderer zu einer Einheit verschmolzen hat. Erich Hubala führte dafür später den Begriff des Synkretismus ein.

Ungeachtet der vielen Einzelmonografien, die vor allem nach dem Zweiten Weltkrieg zum Werk Neumanns veröffentlicht wurden, gibt es jedoch noch immer Fragen. So sind Neumanns Lehrzeit und sein Schaffen vor 1719 bisher relativ ungeklärt und die Quellenlage dazu ausgesprochen unbefriedigend. Vor einem solchen Hintergrund kann eine »kleine Biografie« Balthasar Neumanns nur so etwas wie ein vorläufiges, auf Schlaglichter zu Leben und Werk sich beschränkendes »Statement« zu diesem ohne Zweifel bedeutenden Baumeister des Barock abgeben. Von der Vorstellung der Hauptwerke abgesehen, wird allerdings mit der Frage nach Aspekten der Aufklärung in Neumanns Bauten und seinen Leistungen als Ingenieurbaumeister der Blick auf zwei Themen gelenkt, die bislang von der Forschung wenig oder gar nicht beachtet worden sind: Neumann war nicht alleine ein großer Baukünstler, sondern vermutlich der letzte »Generalist« in der Geschichte der europäischen Architektur.

Anhang

ZEITTAFEL

Unter Verwendung der von Max H. von Freeden und Hans-Peter Trenschel zusammengestellten Daten zum Leben und Werk Balthasar Neumanns. In: Muth, Baubüro, 1987, S. 31–85.

1687	30. Januar: Balthasar Neumann wird als siebtes von neun Kindern des Tuchmachers Hans Christoph Neumann und dessen Ehefrau Rosina in Eger getauft
1700	Beginn der Lehre als Geschütz- und Glockengießer bei seinem Taufpaten Balthasar Platzer in Eger
1707	5. August: Tod der Mutter
1711	Antritt der Gesellenwanderung mit einem Lehrbrief der »Büchsenmeister- Ernst- und Lustfeuerwerckerey«
	17. Juni: Eintritt als Geschützgießergeselle bei Ignaz Kopp auf dem Schottenanger in Würzburg
1712	30. März: Neumann erbittet ein erstes Stipendium vom Rat seiner Vaterstadt Eger
	8. Juni: Hat Einkünfte und Arbeit als Handwerker aufgegeben und wohnt auf eigene Kosten im Schottenkloster St. Jakob in Würzburg; erhält Unterricht in Geometrie, Feldmesserei und Architektur
	Juni: Neumann erhält ein weiteres Stipendium von der Stadt Eger
1713	Anfertigung des »Instrumentum Architecturae«
	Tod des Vaters
1714	Fähnrich der hochfürstlich-würzburgischen Schloss-Leibkompagnie
1717	Juni–August: Unter noch nicht geklärten Umständen mit einem fränkischen Truppenkontingent Teilnahme an der Eroberung Belgrads
	Herbst: Aufenthalt in Wien
1718	Frühjahr: Aufenthalt in Mailand und Oberitalien
	19. August: Ernennung zum hochfürstlich-würzburgischen Ingenieur-Hauptmann

1719 Bau eines eigenen Reihenhauses in der Burkarderstraße 28

3. August: Tod des Fürstbischofs Johann Philipp von Greiffenclau

18. September: Wahl des Johann Philipp Franz von Schönborn zum Fürstbischof von Würzburg

17. Oktober: In Pommersfelden erste Begegnung mit Kurfürst-Erzbischof Lothar Franz von Schönborn und Reichsvizekanzler Friedrich Karl von Schönborn

6. November: In Würzburg erste Begegnung mit Johann Lucas von Hildebrandt

1720 22. Mai: Grundsteinlegung zum Bau der Würzburger Residenz

25. Mai: Ernennung zum hochfürstlich-würzburgischen Artillerie-Hauptmann

1722/23 Planung und Bau eines eigenen großen Hauses in der Kapuzinerstraße 2 in Würzburg

1723 Januar–Mai: Pariser Studienreise und Begegnungen mit Robert de Cotte und Germain Boffrand

Vorzeichnung zu dem von Johann Salver gestochenen Thesenblatt des Freiherrn von Reitzenstein u. a. mit einer Vogelschauansicht der Stadt Würzburg

2. Dezember: Ernennung zum Mitglied der hochfürstlich-würzburgischen Stadtbaukommission durch Fürstbischof Johann Philipp Franz von Schönborn

1724 vor Juni: Tausch des Privathauses, Kapuzinerstraße 2, gegen den Hof Oberfrankfurt, Franziskanergasse 2

Juli/August: Begleitet Germain Boffrand bei dessen Besuch in Franken

18. August: Tod des Fürstbischofs Johann Philipp Franz von Schönborn

25. Oktober: Wahl des Christoph Franz von Hutten zum Fürstbischof von Würzburg

6. Dezember: Ernennung zum hochfürstlich-würzburgischen Artillerie- und Ingenieurmajor

1725 25. Juni: Hochzeit mit Eva Maria Engelberta Schild, Tochter des Geheimen Hofrates Dr. Franz Ignaz Schild und seiner Ehefrau Maria Rosina, geb. Reibelt

1726 10. Februar: Taufe des Sohnes Franz Ignaz Christian

2. November: Taufe und Tod der Tochter Maria Apollonia

Verkauf des eigenen Hauses Burkarderstraße 28

1727 27. Februar: Tod des Sohnes Franz Ignaz Christian

Marcus Friedrich Kleinert porträtiert Neumann

6. November: Taufe der Tochter Maria Apollonia Francisca Elisabetha

1728 13. Juli: Ernennung zum Baudirektor des Würzburger Domkapitels

1729 30. Januar: Tod des Kurfürst-Erzbischofs Lothar Franz von Schönborn und Regierungsantritt des Koadjutors und Reichsvizekanzlers Friedrich Karl von Schönborn als Fürstbischof von Bamberg

25. März: Tod des Fürstbischofs Christoph Franz von Hutten

18. Mai: Wahl des Friedrich Karl von Schönborn zum Fürstbischof von Würzburg

14. Juni: Taufe der Tochter Maria Margaretha Josepha

3. Dezember: Ernennung zum Oberstleutnant der fränkischen Kreisartillerie in Nürnberg

15. Dezember: Ernennung zum Baudirektor für das gesamte militärische, kirchliche und zivile Bauwesen der beiden Hochstifte Würzburg und Bamberg sowie für die Privatschlösser des Fürstbischofs Friedrich Karl von Schönborn

1730 August–Oktober: Reise über Böhmen nach Wien zu einer Bausitzung mit Friedrich Karl von Schönborn und Lucas von Hildebrandt und Rückreise nach Würzburg über München, Nymphenburg, Schleißheim und Regensburg

1731 6. April: Taufe der Tochter Anna Maria Raymunda

Sommer: Begegnung mit Johann Lucas von Hildebrandt in Würzburg

Johann Jacob Schübler widmet Balthasar Neumann seine »Nützliche Anweisung zur unentbehrlichen Zimmermannskunst«
Lehrauftrag für Militär- und Zivilbaukunst an der Universität Würzburg

1733 8. Mai: Taufe des Sohnes Franz Ignaz Michael
Pachtung der Glasmanufaktur Fabrikschleichach im Steigerwald
Einrichtung und Betrieb einer Spiegelglasschleiferei in Würzburg

1734 Mitte Mai: Besuch im Kriegslager des Prinzen Eugen in Heilbronn

1736 14. November: Taufe des Sohnes Valentin Franz Stanislaus

1738 Begegnung mit Johann Lukas von Hildebrandt in Würzburg

1741 vor dem 6. Juni: Ernennung zum hochfürstlich-würzburgischen Oberst
nach dem 29. Juli: Ernennung zum Oberst der fränkischen Kreisartillerie
Erwerb eines Gartengrundstücks in Randersacker am Main bei Würzburg

1742 April: Aufenthalt in Frankfurt während des Staatsbesuches von Fürstbischof Friedrich Karl von Schönborn anlässlich der Krönungsfeierlichkeiten von Kaiser Karl VII.

1743 5. Oktober: Taufe der Tochter Maria Franzisca Carolina
Erwerb des Hofes Niederfrankfurt, Wolfhartsgasse 11
Erbschaft des Edelhofes mit Weinbergen in Randersacker und Bau zweier Gartenpavillons

1744 Ablösung als Baudirektor des Würzburger Domkapitels

1745 Neumann führt den künftigen Kaiser, Großherzog Franz Stephan von Lothringen, während dessen Aufenthaltes auf dem Weg zu seiner Krönung in Frankfurt durch die Würzburger Residenz

1746 25. Juli: Tod des Würzburger und Bamberger Fürstbischofs Friedrich Karl von Schönborn

29. August: Wahl des Anselm Franz von Ingelheim zum Fürstbischof von Würzburg

Herbst: Neumann wird als Oberbaudirektor des militärischen, kirchlichen und zivilen Bauwesens in beiden Hochstiften Würzburg und Bamberg entlassen

1747 3. Februar: Erneute Ernennung zum Baudirektor des Würzburger Domkapitels

Juli: Neumann erhält von Maria Theresia eine goldene Tabakdose zum Dank für seine Pläne zum Neubau der kaiserlichen Hofburg in Wien

1748 Rückgabe der Pacht der Glasmanufaktur in Fabrikschleichach

1749 8./9. Februar: Tod des Würzburger Fürstbischofs Anselm Franz von Ingelheim

14. April: Wahl des Carl Philipp von Greiffenclau zum Fürstbischof von Würzburg

18. Juli: Wiedereinsetzung als Oberbaudirektor für das gesamte militärische, kirchliche und zivile Bauwesen des Hochstiftes Würzburg

1751 Erneute Pacht der Glasmanufaktur in Fabrikschleichach

1753 19. August: Balthasar Neumann stirbt in Würzburg; er wird am 22. August in der Marienkapelle auf dem Markt beigesetzt

Sommer: Giovanni Battista Tiepolo »verewigt« Balthasar Neumann in seinem Treppenhausfresko in der Würzburger Residenz

GLOSSAR

Abseite: Anraum, der sich in ganzer Breite und Höhe zu den Schiffen oder zum Chor einer Kirche öffnet

Apsis: Überkuppelter Abschluss einer Kirche über meist halbrundem Grundriss

Architrav: Verbindung über den Kapitellen von Säulen, Pfeilern oder Lisenen

Arkade: Bogenstellung über Pfeilern oder Säulen. Eine Sonderform bei Balthasar Neumann stellt die Bogenarkade dar, die über gekurvtem statt geradem Grundriss verläuft

Basilika: Drei- oder mehrschiffiges Kirchenbauschema, bei welchem das Mittelschiff höher als die Seitenschiffe ist und sein Licht von einer über den Seitenschiffdächern emporragenden Fensterzone, dem Lichtgaden, erhält

Basis: Gegliederter unterer Abschluss von Säule, Pfeiler oder Pilaster

Bastion: Vor die Linie eines Festungswalls springender Bauteil, um von dort aus den Bereich unmittelbar vor dem Wall bestreichen zu können.

Belvedere: Aussichtsterrasse oder Dachgeschoss, auch erhöhtes, freistehendes Gebäude

Chor: Ursprünglich nur der Abschluss von Klosterkirchen, in welchem sich der Konvent zum Gebet versammelt. Später wurde der Begriff auf den Altarraum der Kirchen allgemein übertragen

Corps de Logis: Mittleres Hauptgebäude bzw. Hauptflügel eines Schlosses mit den Haupt- und Staatsräumen

Ehrenhof: Vom Corps de Logis und den angrenzenden Seitenflügeln umschlossener Platz in einer barocken Schloss- oder Klosteranlage

Entasis: Leichte Schwellung des Schaftes einer Säule

Fasanerie: Umzäunte naturnahe Gartenanlage zur Zucht und Jagd auf Fasanen

Flügel: An das Corps de Logis angrenzender, meist in den Proportionen untergeordneter Bauteil

Fresko: Die in der Wand- und Deckenmalerei benutzten, in Wasser gelösten Pulverfarben werden auf den noch feuchten Putz aufgetragen

Gewände: Umrahmung eines Portals oder Fensters

Gurte: Plastisch geformte Gurtbänder oder Gurtbogen führen die Raumgliederung im Gewölbe fort

Kapitell: Dekorativer oberer Abschluss von Säule, Pfeiler oder Pilaster

Kavalier: Geschützstellung, die die benachbarten Befestigungswerke deutlich überragt

Kolonnade: Folge von Pfeilern oder Säulen mit einem Architrav als oberen Abschluss

Kolossalordnung: Zwei oder mehrere Geschosse übergreifende Gliederung mit Säulen, Pfeilern oder Pilastern

Kuppel: Gewölbe- oder Dachform, deren Mantelfläche häufig ein Kugelabschnitt ist

Kurtine: Wall zwischen zwei Bastionen

Langhaus: Teil des Kirchenbaues zwischen Westfassade und Querhaus bzw. Chor

Laterne: Lichteinlassender Aufsatz über dem Scheitel einer Kuppel

Lisene: Einfache Wandvorlage zur Gliederung von Wänden und Fassaden

Maison de plaisance: Sommerhaus abseits der Residenz für den privaten Aufenthalt des Fürsten

Mansarddach: Geknickte Dachform mit steilerem Anstieg im unteren Teil

Pavillon: Selbstständig gegliederter Bauteil innerhalb eines Gebäudes mit eigener Dachung

Pendentifs: Sphärisch gekrümmtes Teilgewölbe zur Überleitung vom quadratischen Grundriss des Unterbaues zum Fußkreis einer Kuppel

Pfeiler: Gemäß den Säulenordnungen proportionierte, freistehende Stütze, die aber im Gegensatz zur Säule keine Entasis aufweist

Pilaster: Gemäß den Säulenordnungen proportionierte schmale Wandvorlage ohne Entasis

Proportion: Verhältnis der Maße untereinander. Seit der Renaissance versuchte die Baukunst gemäß der aus der Antike übernommenen Lehre von den Säulenordnungen, alle Maßverhältnisse eines Bauwerks aus dem Vielfachen bzw. dem Bruchteil einer Säule abzuleiten

Querhaus: Quer zu Langhaus und Chor einer Kirche verlaufender Bauteil

Risalit: Aus der Flucht einer Fassade vorspringender Gebäudeteil mit eigener Gliederung

Riss: Aus der mittelalterlichen Bautradition stammendes Wort für Architekturzeichnung

Rocaille: Asymmetrisch angelegtes, muschelförmiges Ornament, dem das Rokoko seinen Namen verdankt

Rotunde: Zentralbau, bei welchem der Raumgrundriss und der Grundriss der sich darüber erhebenden Kuppel in der Projektion deckungsgleich sind

Saalkirche: Gotteshaus, dessen Innenraum nicht durch Stützen in mehrere Schiffe gegliedert ist

Sargmauer: Umfassungswände eines Gebäudes in der Gewölbezone als Auflager für die Dachung

Satteldach: Aus zwei gegen einen gemeinsamen First ansteigenden Flächen bestehende Dachform mit Giebeln an den Schmalseiten

Säule: Stütze, die sich nach aus der Antike abgeleiteten und in der Renaissance weiter entwickelten Proportionen in Basis, Schaft und Kapitell gliedert. Im Gegensatz zum Pfeiler weist der Schaft einer Säule eine Entasis auf. Man unterscheidet in dorische, ionische und korinthische Ordnungen; dazu kommt noch eine Vielzahl von Sonderformen

Stichkappe: Senkrecht in ein Gewölbe einschneidendes Teilgewölbe

Stuck: Frei formbarer Werkstoff aus Gips, Kalk, Sand und Tierhaaren

Stuckmarmor: Aus farbig eingefärbtem Stuck imitierter Marmor

Tambour: Zylindrischer, architektonisch gegliederter Unterbau einer Kuppel mit Fenstern zur Belichtung des Kuppelraumes

Tonnengewölbe: Gewölbe mit halbkreisförmigem Querschnitt

Travée: Gemäß den Regeln der Säulenordnungen proportionierter Abstand zwischen zwei Stützen

Vestibül: Vorhalle, Eingangshalle

Vierung: Raumteil einer Kirche, der im einfachsten Fall aus der Durchdringung von Langhaus und Querhaus entsteht und einen quadratischen Grundriss aufweist

Wandpfeiler: Mit der Innenwand meist einer Kirche verbundene Stützkonstruktion

Wandpfeilerkirche: Gotteshaus mit einschiffigem Langhaus, dessen Seitenwände sich zwischen den Wandpfeilern in ganzer Breite und Höhe zu Abseiten öffnen

WERKVERZEICHNIS (AUSWAHL)

Das Œuvre Balthasar Neumanns ist derartig umfangreich und zugleich vielgestaltig, dass ein Werkverzeichnis im gesteckten Rahmen niemals vollständig sein kann. Die nachfolgende Auflistung konzentriert sich auf Hauptwerke und eine möglichst exemplarische Auswahl seiner sonstigen Bauten. Zum einfacheren Auffinden sind sie alphabetisch nach Orten gereiht.

Amorbach (Lkr. Miltenberg), ehem. Benediktinerabteikirche St. Maria, ab 1742

Arnstein (Stadt Weismain, Lkr. Lichtenfels), Pfarrkirche St. Nikolaus, 1732–1734

Bad Bocklet (Lkr. Bad Kissingen), Fassung der Heilquelle, 1725

Bad Kissingen

- Kurhaus, 1737/38
- Rakoczy-Heilquelle, Entdeckung und Fassung, 1737/38
- Friedhofskirche St. Burkard, 1727–1744

Bad Mergentheim, unausgeführte Planung zum ehem. Deutschordensschloss, 1726

Bamberg

ehem. Benediktinerkloster St. Theodor, jetzt Karmelitenkloster, 1737

Curia St. Hippolyt, Domplatz 1, ab 1739

ehem. Benediktinerabtei St. Michael, Wirtschaftsgebäude, 1742

Domkapitelhaus, 1730–1733

Domkreuzgang, Rekonstruktion des Südflügels aus dem 15. Jahrhundert, 1733

ehem. Katharinenspital, Grüner Markt 31 / Marktplatz 1 / Fleischstraße 4, 1729–1738

Neue Residenz, Erweiterung und Neugestaltung der Platzwände unter Einbeziehung der Alten Hofhaltung, ab 1730

ehem. Klerikalseminar (jetzt Neues Rathaus), Maxplatz 3 / Hauptwachstraße 1, 1731–1737

Untere Brücke über den linken Regnitzarm, 1739; 1784 durch Eisgang zerstört

Seesbrücke über den rechten Regnitzarm, 1751/52; 1784 durch Eisgang zerstört

Banz (Stadt Staffelstein, Lkr. Lichtenfels), ehem. Benediktinerabtei, Vorhof mit Wirtschaftsgebäuden, um 1750

Bayreuth, ehem. katholisches Oratorium, unausgeführter Entwurf, 1744

Bonn, ehem. Schloss Clemensruhe (jetzt Universität), Reparatur und Ausbau, ab 1744

Bonn-Poppelsdorf, Heilige Stiege an der Wallfahrtskirche Hl. Kreuz auf dem Kreuzberg, 1746–1751

Breitenreuth (Gde. Guttenberg, Lkr. Kulmbach), ehem. Rittergut, Beratung ab 1746

Bruchsal

Kaserne, Huttenstraße 20–22, 1746 und 1750–1753

ehem. fürstbischöflich Speyerisches Residenzschloss, St. Damiansburg, Einzelplanungen ab 1728 und Treppenhausmodell ab 1731

Pfarrkirche St. Peter, 1740–1746

Planung für eine Wasserleitung für das Residenzschloss, 1748

Brühl (Erftkreis)

ehem. Kurkölnische Residenz Augustusburg, Ausbau und Treppenhaus, ab 1743

ehem. Franziskanerkloster- und Schlosskirche, Hochaltar, 1745

Burgebrach (Lkr. Bamberg), Pfarrkirche St. Veit, 1730–1731

Dirmstein (Lkr. Bad Dürkheim), St. Laurentiuskirche, 1740 und 1742–1747

Distelhausen (Lkr. Tauberbischofsheim), Pfarrkirche St, Markus, 1731–1738

Dittigheim (Kreis Tauberbischofsheim), Pfarrkirche St. Vitus, 1739 und 1748–1752

Ebenhausen (Gde. Oerlenbach, Kreis Bad Kissingen), Pfarrkirche Allerheiligen, unausgeführter Entwurf, 1743

Ebrach (Lkr. Bamberg), ehem. Zisterzienserabtei, jetzt Justizvollzugsanstalt, 1716 für »verschiedene Abriß« bezahlt

Eger
- Mitwirkung bei einer Brunnenreparatur, 1709
- Planung zu einem Sauerbrunnen und einer Gewürzmühle, 1714
- St. Niklas, Beratung beim Wiederaufbau der Türme, 1747

Ellwangen (Lkr. Aalen)
- ehem. Stiftsrathaus, jetzt Landgericht, 1748
- Spitalkirche Heiliggeist, unausgeführte Planung von 1747
- ehem. Priesterseminar auf dem Schönenberg, jetzt katholisches Pfarramt und Kloster, 1749 unter Beratung Neumanns
- ehem. Schloss der Stiftspröpste, jetzt Museum, unausgeführte Planung, 1720er Jahre

Eltingshausen (Lkr. Bad Kissingen), Pfarrkirche St. Martinus, 1744–1746

Ettlingen (Lkr. Karlsruhe)
- Pfarrkirche St. Martin, 1733 unter Beratung Neumanns
- »Neues Schloss«, jetzt Verwaltungsgebäude, 1728–1733 unter Beratung Neumanns

Euerbach (Lkr. Schweinfurt), Pfarrkirche St. Michael, 1738–1746

Fabrikschleichach (Gde. Rauhenebrach, Lkr. Haßberge), Glashütte, 1747

Forchheim
- ehem. Kaserne, Kasernstraße 7, 1730–1735
- Hospitalkirche, unausgeführter Entwurf, 1748

Frankfurt am Main
- Alte Mainbrücke, Gutachten,1740
- Dom, Trauergerüst für die Kaiserinwitwe Amalie, 1742

Gaibach (Stadt Volkach, Lkr. Kitzingen)
- Anlage eines Brunnenwerks im Schlosspark, 1715–1717
- ehem. Schönborn'sche Patronatskirche, jetzt Pfarrkirche Hl. Dreifaltigkeit, 1742–1745

Geisfeld (Lkr. Trier-Saarburg), Pfarrkirche St. Maria, 1753–1754

Gemeinfeld (Lkr. Haßberge), Pfarrkirche Mariä Geburt, 1737

Glosberg (Stadt Kronach, Lkr. Kronach), Pfarr- und Wallfahrtskirche St. Mariä Geburt, Turmaufbau 1733–1735

Gößweinstein (Lkr. Forchheim), Pfarr- und Wallfahrtskirche zur Hl. Dreifaltigkeit, 1729 und 1730–1739

Göttweig (Niederösterreich), Benediktinerstift, unausgeführter Plan von 1719

Grafenrheinfeld (Lkr. Schweinfurt), Pfarrkirche Kreuzauffindung, unausgeführter Entwurf, 1748

Guttenberg (Lkr. Kulmbach), Schloss Guttenberg, ehem. Pferdestall, 1731

Guttenberger Wald (Lkr. Main-Spessart), Jagdschloss, unausgeführter Entwurf, 1746

Hallstadt (Lkr. Bamberg), »Mainschlösschen«, Erweiterung des Gartenhauses, 1735

Heidenfeld (Lkr. Schweinfurt), ehem. Augustinerchorherrenstift, 1723–1733

Heusenstamm (Lkr. Offenbach), Pfarrkirche St. Cäcilia und St. Barbara, 1739–1744

Höpfingen (Neckar-Odenwald-Kreis), ehem. Pfarrkirche St. Ägidius, 1738/1742/1753

Hofheim im Ried (Lkr. Bergstraße), Pfarrkirche St. Michael, 1743 und 1747–1750

Holzkirchen (Lkr. Würzburg), ehem. Benediktiner-Propsteikirche St. Sixtus, jetzt Pfarrkirche St. Michael, 1728–1730

Ingolstadt (Markt Giebelstadt, Lkr. Würzburg), Pfarrkirche Unbefleckte Empfängnis, 1751

Karlsruhe, ehem. Großherzogliches Schloss, jetzt Badisches Landesmuseum, 1749–1752

Kitzingen
- Gutachten zur Schiffspassage am Mainloch, 1716
- Schlachthaus, 1724
- Invalidenkaserne, Landwehrstraße, 1725 und 1733–1735
- Reparaturen im Amtshof, 1735
- Pfarrkirche St. Johannes d.T., Turmhelm, 1737
- Mainbrücke, Reparatur, 1744/45
- Gutachten zu einer Wasserleitung, 1743
- Mainlände, Lagerhaus und Kran, 1746–1747

Kitzingen-Etwashausen
- Heiligkreuzkirche, 1740–1745
- St. Michael, 1748–1754
- Haus des evangelischen Pfarradjunkten, nach 1748

Kleinrinderfeld (Lkr. Würzburg), Pfarrkirche, Gutachten und unausgeführte Planung, 1740

Klosterdorf (Stadt Scheinfeld, Lkr. Neustadt a. d. Aisch – Bad Windsheim), Franziskaner-Minoritenkirche Mariä Geburt mit Wallfahrtskapelle Maria Hilf, 1732/32, 1734/35 und 1743–1745

Klosterlangheim (Stadt Lichtenfels, Lkr. Lichtenfels), ehem. Zisterzienserabtei, teilweise unausgeführte Planungen, 1739–1742

Koblenz
- Verstärkung der Stadtbefestigung, 1734/35

Frhr. von Hohenfeldisches Haus, Löhrstraße 30, Entwurf, 1730
öffentl. Fließendwasserversorgung, 1751–1753
ehem. kurfürstliche Residenz Philippsburg, Kapelle, 1751
ehem. kurfürstliche Residenz Philippsburg, Dikasterialgebäude, heute Finanzamt, 1739–1748

Koblenz-Ehrenbreitstein, Festung, ab 1733

Koblenz-Kesselheim, Sommerschloss Schönbornslust, 1748–1752, 1806 zerstört

Krensheim (Lkr. Tauberbischofsheim), Pfarrkirche St. Ägidius, 1740 und 1753

Kronach, Festung Rosenberg, Umbau zur Kaserne, 1730–1733

Leiwen (Lkr. Trier-Saarburg), Kirche St. Stephan und St. Rochus, unausgeführter Plan, 1752

Mainz
Dom St. Martin und St. Stephan, Schönbornepitaphien, 1745
Jesuitenkirche St. Ignatius von Loyola, 1742–1746

Maria-Limbach (Stadt Eltmann, Lkr. Haßberge), Wallfahrtskirche Mariä Heimsuchung, 1751–1755

Meersburg/Bodensee (Lkr. Überlingen), Neues Schloss, Treppenhaus und Hofkapelle, 1740/41

Merkershausen (Stadt Bad Königshofen i. Gr., Lkr. Rhön-Grabfeld), Kirche St. Martin, 1737–1743

Michelau im Steigerwald (Lkr. Schweinfurt), Filialkirche St. Michael und St. Georg, 1738–1742

Münsterschwarzach (Markt Schwarzach am Main, Lkr. Kitzingen)
Benediktinerabteikirche St. Felicitas, 1726–1743
Klostermühle, 1743–1749

Neresheim (Lkr. Aalen), Benediktinerabteikirche Heiligkreuz, ab 1749

Oberzell (Gde. Zell am Main, Lkr. Würzburg), ehem. Prämonstratenserabtei, jetzt Kloster der Dienerinnen der Kindheit Jesu, 1744–1760

Pinzberg (Lkr. Forchheim), Pfarrkirche St. Nikolaus, 1731 Erneuerung unter Beratung Neumanns

Pommersfelden (Lkr. Bamberg), Erweiterung des Gartens, 1729–1743

Prosselsheim (Lkr. Würzburg), fürstbischöfliche Amtskellerei, 1753–1754

Prüm (Lkr. Bitburg-Prüm), ehem. Benediktinerabtei, jetzt Regino-Gymnasium, 1744 Erweiterungsplanung Neumanns

Randersacker (Lkr. Würzburg), zwei Gartenhäuser, 1743

Retzbach (Markt Zellingen, Lkr. Main-Spessart), Pfarrkirche St. Laurentius, 1736–1740

Rimpar (Lkr. Würzburg), Pfarrkirche St. Peter und Paul, 1745

Röthlein (Lkr. Schweinfurt), Pfarrkirche St. Jakobus d. Ä., 1738–1746

Saffig (Lkr. Mayen-Koblenz), Pfarrkirche St. Caecilia, 1738–1742

Schonungen (Lkr. Schweinfurt), ehem. Pfarrkirche St. Georg, 1740

Schraudenbach (Gde. Werneck, Lkr. Schweinfurt), Pfarrkirche St. Jakobus d. Ä., 1752

Schwetzingen (Lkr. Mannheim), ehem. kurpfälzisches Schloss, unausgeführter Entwurf, 1749

Seehof (Gde. Memmelsdorf, Lkr. Bamberg), Schloss Marquardsburg, Umbauten am Schloss und Ausgestaltung des Parks mit Orangerie, 1729 und 1733–1737

Speyer
- Dom, unausgeführte Wiederaufbauplanung, 1751
- Klarissenkirche St. Klara, unausgeführte Entwürfe für den Hochaltar, 1739

Stuttgart, Neues Schloss, unausgeführte Entwürfe, 1747–1749

Tauberrettersheim (Landreis Würzburg), Tauberbrücke, 1733

Trier, ehem. Stiftskirche St. Paulinus, jetzt Pfarrkirche, 1734–1757

Unterwittighausen (Lkr. Tauberbischofsheim), Pfarrkirche Allerheiligen, 1739–1741

Veitshöchheim (Lkr. Würzburg), ehem. Sommerschloss mit Lustgarten, 1726, Gartenanlagen und 1749–1753 Erweiterung des Schlosses mit Wachthaus

Vierzehnheiligen (Gde. Grundfeld, Lkr. Lichtenfels), Pfarr- und Wallfahrtskirche Mariä Himmelfahrt, 1743–1772

Völkershausen (Gde. Willmars, Kreis Rhön-Grabfeld), Schloss Stein, 1723–1731

Waghäusel (Lkr. Bruchsal), ehem. Schloss Eremitage, Umbau und Erweiterung, 1747

Waldbrunn (Lkr. Würzburg), Jagdschloss Mädelhofen, 1724

Werneck (Lkr. Schweinfurt), ehem. Sommerresidenz und Fasanengarten der Würzburger Fürstbischöfe, 1733–1744

Wetzlar, ehem. Reichskammergericht, Planungen 1732 und 1738

Wien, ehem. kaiserliche Hofburg, Umbauplanungen, 1746–1747

Wiesentheid (Lkr. Kitzingen), Pfarrkirche St. Mauritius, Entwürfe für Turmfassade und Dachwerk, 1727–1732

Worms (Lkr. Alzey-Worms)
- ehem. Dom St. Peter, jetzt Pfarrkirche, Entwurf für den Hochaltar, 1738–1740
- Kapelle im ehem. Fürstbischöflichen Hof, Umbauten 1733

Würgau (Stadt Scheßlitz, Lkr. Bamberg), Filialkirche St. Andreas, Gutachten 1733

Würzburg
- Mitarbeit bei einem Feuerwerk anlässlich des Besuchs Kaiser Karls VI., 1712
- »Grund Riss und Profil der hochfürstlichen Residenzstadt Würzburg«, 1715 (nur in Kopie von 1775 überliefert)
- ehem. fürstbischöfliche Residenz, 1720–1753

Alte Universität, Einbau einer Bibliothek, 1720–1722
Schönbornkapelle am Dom, 1721–1724 und 1729–1736
Vogelschauansicht, 1722
Wohnhausbebauung, Burkarderstraße, 1722–1723
Dom St. Kilian, Tieferlegung des Chores mit Sakristei und Ornatkammer, 1723, erste Planung und Ausführung 1749
ehem. fürstbischöfliches Jagdzeughaus, Zeller Straße 44, 1724
Schloss und Festung Marienburg, Fortifikationen mit Maschikuliturm nach Entwurf des Maximilian von Welsch, 1724–1728
ehem. Fichtel'scher Hof, Bronnbachergasse 8, 1724 modernisiert
ehem. Mainkaserne, Am Pleidenturm 2–14, 1724
Wohnhaus Neubaustraße 6, Oberbauleitung, 1714
Hof Oberfrankfurt, Franziskanergasse 2, nach Erwerb durch Neumann ab 1725 modernisiert und erweitert
ehem. Gasthof Zum Hirschen, Beim Grafeneckart 11, 1726–1727
ehem. Dietricher Spital (zerstört), Marktplatz 36–38, 1725–1727
öffentl. Fließendwasserversorgung, 1730–1745
Wohnhäuser Neubaustraße 8–12, Oberbauleitung, 1734
Wohnhausbebauung »Auf dem Graben«, jetzt Theaterstraße, 1736/37
Ursulinenkloster, 1738–1740
Hof Rohmbach, Eichhornstraße 23, 1738–1740
Wohn- und Geschäftshaus, Markplatz 14–16, 1739–1746
ehem. Domherrnhof Marmelstein, Domerschulstraße / Plattnersgasse, 1747
Dom St. Kilian, Ölbergkapelle auf dem Leichhof nach Entwurf Neumanns, 1732, seit 1894 auf dem Städtischen Friedhof
ehem. Dominikanerkirche, jetzt Augustinerkirche, 1741–1744
Jesuitenkirche St. Michael, jetzt katholische Seminarkirche, unausgeführtes Projekt, um 1742
Juliusspital, Wiederherstellung des 1745 abgebrannten Fürstenbaues im Nordflügel
Wallfahrtskirche Mariä Heimsuchung auf dem Nikolausberg (»Käppele«), 1748–1749

Zeilitzheim (Gde. Kolitzheim, Lkr. Schweinfurt), Umbau des Schlosses zur Exilresidenz für Kardinal Damian Hugo von Schönborn, 1735/36

Zell am Main (Lkr. Würzburg), ehem. Weinhändlerschlösschen, 1744

Zeuzleben (Gde. Werneck, Lkr. Schweinfurt), Pfarrkirche St. Bartholomäus, Entwurf aus dem Baubüro, 1753–55

LITERATUR (AUSWAHL)

Liselotte Andersen, Studien zu Profanbauformen Balthasar Neumanns. Die großen Residenzprojekte für Wien, Stuttgart und Karlsruhe, Phil. Diss. München 1966.

Arthur Bechtold und Rudolf Pfister, Ein Würzburger Stadtplan B. Neumanns. In: Zeitschrift für Geschichte der Architektur, 8. Jg., 1928, S. 196–211.

Arthur Bechtold, Nochmals »Balthasar Neumanns erstes Wohnhaus in Würzburg«. In: Die Frankenwarte. Blätter für Heimatkunde. Beilage zum Würzburger Generalanzeiger, Nr. 10, 8. März 1934, unpaginiert.

Franz J. Bendel, Balthasar Neumanns erstes Wohnhaus in Würzburg. In: Die Frankenwarte. Blätter für Heimatkunde. Beilage zum Würzburger Generalanzeiger, Nr. 51, 21. Dezember 1933, unpaginiert.

Franz J. Bendel, Beiträge zur kirchlichen Bautätigkeit Balthasar Neumanns in den Jahren 1730–1745. In: Archiv des Hist. Vereins von Unterfranken und Aschaffenburg Bd. 71, 1937, S. 19–71.

Peter Beye (Hrsg.), Balthasar Neumann in Baden-Württemberg. Ausstellung zum Europäischen Denkmalschutzjahr 1975 Staatsgalerie Stuttgart, Stuttgart 1975.

Christian Bönicke, Grundriß einer Geschichte von der Universität zu Wirzburg, 2. Teil, Würzburg 1788, S. 106–109.

Walter Boll, Die Schönbornkapelle am Würzburger Dom, München 1925.

Wolfgang Bühling, Kaserne und Lazarett im Hochstift Würzburg 1636–1802, Phil. Diss. Würzburg 1997.

Wolfgang Bühling, Balthasar Neumann als Soldat. Zur Biographie des Meisters des rheinisch-fränkischen Barock. In: Militärgeschichtliche Zeitschrift 62 (2003), S. 101–133.

Max Domarus, Würzburger Kirchenfürsten aus dem Hause Schönborn, Wiesentheid 1951.

Georg Eckert, Balthasar Neumann und die Würzburger Residenzpläne. Ein Beitrag zur Entwicklungsgeschichte des Würzburger Residenzbaues, Straßburg 1917.

Max H. von Freeden, Balthasar Neumann als Stadtbaumeister, Würzburg 1937.

Max H. von Freeden, Balthasar Neumanns Lehrjahre. Das Bruchstück einer Lebensbeschreibung aus Familienbesitz im Vergleich mit Quellen und Überlieferung. In: Archiv des Historischen Vereins von Mainfranken 71 (1937), S. 1–18.

Max H. von Freeden, Balthasar Neumann in Italien. Neue archivalische Beiträge zur Frühzeit des Künstlers. In: Mainfränkisches Jahrbuch für Geschichte und Kunst, Bd. 1, 1949, S. 204–208.

Max H. von Freeden, Balthasar Neumanns Tod und Begräbnis. In: Die Mainlande. Geschichte und Gegenwart, 2, 1951, unpaginiert.

Max H. von Freeden / Hans Thoma (Bearb.), Balthasar Neumann. Leben und Werk. Katalog der Gedächtnisschau zum 200. Todestage, Würzburg 1953.

Max H. von Freeden, Balthasar Neumanns Gesuche an den fränkischen Kreistag. In: Festschrift Karl Lohmeyer, Saarbrücken 1954, S. 65–69.

Max H. von Freeden (Bearb.), Quellen zur Geschichte des Barocks in Franken unter dem Einfluß des Hauses Schönborn, I. Teil, zweiter Halbband, Würzburg 1955.

Max H. von Freeden, Balthasar Neumann. Leben und Werk, München und Berlin ²1963.

Ferdinand Geldner, Langheim, Kulmbach 1966.

Cornelius Gurlitt, Geschichte des Barockstiles und des Rococo in Deutschland, Stuttgart 1889

Hans-Christof Haas, Bautechnisches Meisterwerk Balthasar Neumanns entdeckt: Die Schüttbauten des Schönborn'schen Hofgutes Öttershausen. In: Bayerisches Landesamt für Denkmalpflege. Denkmalpflege Informationen, Nr. 147, November 2010, S. 41–44.

V. Curt Habicht, Die Herkunft der Kenntnisse Baltasar Nerumanns auf dem Gebiete der »Civilbaukunst«. In: Monatshefte für Kunstwissenschaft, IX. Jahrgang 1916, S. 46–61.

Wilfried Hansmann, Das Treppenhaus und das Große Neue Appartement des Brühler Schlosses. Studien zur Hauptraumfolge, Düsseldorf 1972.

Wilfried Hansmann, Balthasar Neumann. Leben und Werk, Köln 1986.

Wilfried Hansmann und Florian Monheim (Fotografien), Balthasar Neumann, Köln 1999.

Max Hauttmann, Geschichte der kirchlichen Baukunst in Bayern, Schwaben und Franken 1550–1750, München 1923.

Hans W. Hegemann, Die Altarbaukunst Balthasar Neumanns, Marburg 1937.

Fritz Hirsch, Das sogenannte Skizzenbuch Balthasar Neumanns. In: Zeitschrift für Geschichte der Architektur, Beiheft 8, Heidelberg 1912.

Walter Jürgen Hofmann, Balthasar Neumann und die Formierung seiner Architektur. In: Jahrbuch für fränkische Landesforschung 42 (1982), S. 249–294.

Joachim Hotz, Katalog der Sammlung Eckert aus dem Nachlaß Balthasar Neumanns im Mainfränkischen Museum Würzburg (Veröffentlichungen der Gesellschaft für fränkische Geschichte VIII/3, I. Teil), Würzburg 1965.

Joachim Hotz, Das »Skizzenbuch Balthasar Neumanns« (Universitätsbibliothek Würzburg, Delin. III). Studien zur Arbeitsweise des Würzburger Meisters und zur Dekorationskunst im 18. Jahrhundert, Teil 1: Text und Katalog, Teil 2: Das »Skizzenbuch«, Wiesbaden 1981.

Erich Hubala, Renaissance und Barock, Frankfurt und Innsbruck 1968.

Erich Hubala / Otto Mayer, Die Residenz zu Würzburg, Würzburg 1984.
Philipp Joseph Keller, Johann Balthasar Neumann, Artillerie- und Ingenieur-Obrist, Fürstlich Bambergischer und Würzburgischer Oberarchitekt und Baudirektor. Eine Studie zur Kunstgeschichte des 18. Jahrhunderts, Würzburg 1896.
Karl Lohmeyer, Die Briefe Balthasar Neumanns von seiner Pariser Studienreise 1723, Düsseldorf 1911.
Karl Lohmeyer, Die Briefe Balthasar Neumanns über die Anlage der Coblenzer Wasserleitung. In: Zeitschrift für Geschichte der Architektur, 6. Jg. 1913, S. 13–17.
Karl Lohmeyer, Die Briefe Balthasar Neumanns an Friedrich Karl von Schönborn, Fürstbischof von Würzburg und Bamberg, und Dokumente aus den ersten Baujahren der Würzburger Residenz, Saarbrücken 1921.
Werner Loibl, Die Spiegelmanufaktur in Würzburg. Ein Zweigbetrieb der Steigerwälder Glashütte in (Fabrik-)Schleichach. Schriften des Stadtarchivs Würzburg, Heft 18, Würzburg 2011.
Annegret v. Lüde, Studien zum Bauwesen in Würzburg 1720 bis 1750. Mainfränkische Studien Band 40, Würzburg 1987.
Hanswernfried Muth (Hrsg.), Aus Balthasar Neumanns Baubüro. Pläne der Sammlung Eckert zu Bauten des großen Barockarchitekten. Katalog der Sonderausstellung aus Anlass der 300. Wiederkehr des Geburtstages Balthasar Neumanns, Mainfränkisches Museum Würzburg 1987.
Hanswernfried Muth (Hrsg.), Sammlung Eckert. Plansammlung aus dem Nachlaß Balthasar Neumanns im Mainfränkischen Museum Würzburg. Faksimile der Pläne und Begleitband, Würzburg 1987.
Christian Naser, Das vergessene Schloss. Balthasar Neumanns Weinhändlerpalais in Zell, Würzburg 2013.
Christian Naser, Migration und Vernetzung in Franken vom 16. Bis zum 18. Jahrhundert. Dargestellt anhand der Gemeinde Zell am Main und der Residenzstadt Würzburg, 2 Bände, Würzburg 2020.
Günther Neumann, Neresheim. Aus dem Nachlass hrsg. von Hans Jantzen, München 1947.
Christian F. Otto, Space into Light. The Churches of Balthasar Neumann, Cambridge/Mass. 1979.
Helmut-Eberhard Paulus, Die Schönbornschlösser in Göllersdorf und Werneck. Ein Beitrag zur süddeutschen Schloß- und Gartenarchitektur des 18. Jahrhunderts, Nürnberg 1982.
H. Paschke, Die »Kettenbrücke« zu Bamberg, Bamberg 1953 (= Studien zur Bamberger Geschichte und Topographie 1).
H. Paschke, Die untere Brücke zu Bamberg, Bamberg 1963 (= Studien zur Bamberger Geschichte und Topographie 26).

Michael Renner, Unbekannte Briefe und Quellen zum Wirken Balthasar Neumanns 1728–1753. In: Mainfränkisches Jahrbuch für Geschichte und Kunst 13, 1961, S. 129–146.

Michael Renner, Fürstbischof Friedrich Carl Graf von Schönborn und die Entstehungsgeschichte der Gedichte für das Richtfest der Residenz in Würzburg 1744. In: Mainfränkisches Jahrbuch für Geschichte und Kunst 17, 1965, S. 44–53.

Hans Reuther, Balthasar Neumann und der Naturstein. In: Der Naturstein, 3. Jg, 1948, S. 20–22 und S. 36–37.

Hans Reuther, Die Kirchenbauten Balthasar Neumanns, Berlin 1960.

Hans Reuther (Bearb.), Die Zeichnungen aus dem Nachlass Balthasar Neumanns. Der Bestand in der Kunstbibliothek Berlin, Berlin 1979.

Hans Reuther, Balthasar Neumann. Der mainfränkische Barockbaumeister, München 1983.

Burkard von Roda, Adam Friedrich von Seinsheim. Auftraggeber zwischen Rokoko und Klassizismus. Zur Würzburger und Bamberger Hofkunst anhand der Privatkorrespondenz des Fürstbischofs, 1755–1779 (Veröffentlichungen der Gesellschaft für fränkische Geschichte VIII. Reihe, Quellen und Darstellungen zur Fränkischen Kunstgeschichte Band 6), Neustadt/Aisch 1980.

Hans Rose, Spätbarock. Studien zur Geschichte des Profanbaues in den Jahren 1660–1760, München 1922.

Georg Satzinger, Residenzschlösser in verschiedenen Städten des südlichen Teutschlands. Ein Konvolut aus Balthasar Neumanns zeichnerischem Nachlass in der Österreichischen Nationalbibliothek, München 2022.

Erich Schneider, Die barocke Benediktinerabteikirche Münsterschwarzach (Veröffentlichungen der Gesellschaft für fränkische Geschichte VIII. Reihe, Quellen und Darstellungen zur Fränkischen Kunstgeschichte Band 7), Neustadt/Aisch 1984.

Erich Schneider, Balthasar Neumann (1687–1753). Vollender der mainfränkischen Barockarchitektur (Haus der Bayerischen Geschichte. Hefte zur Bayerischen Geschichte und Kultur Band 4, herausgegeben von Rainer A. Müller), München 1987.

Erich Schneider, Balthasar Neumann (1687–1753). Die Werke des Barockbaumeisters in Kitzingen (Schriften des Stadtarchivs Kitzingen Band 1), Kitzingen 1989.

Erich Schneider, Balthasar Neumanns Klostermühle in Münsterschwarzach. In: Der Kreis. Bericht aus Münsterschwarzach, 1991, S. 26–39.

Erich Schneider, Balthasar Neumann als Ingenieurbaumeister. In: Festschrift »75 Jahre Verein deutscher Ingenieure. Unterfränkischer Bezirksverein«, Würzburg 2000, S. 9–19.

Erich Schneider, Das ›Bild‹ Balthasar Neumanns im Urteil zeitgenössischer Quellen und in der Kunstgeschichtsschreibung. In: Jahrbuch für fränkische Landesforschung Bd. 63, Jg. 2003, S. 51–104.

Erich Schneider, Die ehemalige Sommerresidenz der Würzburger Fürstbischöfe in Werneck (Gesellschaft für fränkische Geschichte VIII/14), Neustadt/Aisch 2003.

Erich Schneider, »... den zimmerblatz ahn den Main zu garstatt angewißen«. Garstadt am Main: Balthasar Neumanns Hafen und Zimmerplatz für die Erbauung der Sommerresidenz der Würzburger Fürstbischöfe in Werneck. In: Gerhard Hetzer und Bodo Uhl (Hrsg.), Festschrift Hermann Rumschöttel zum 65. Geburtstag. Archivalische Zeitschrift, 88. Band, Böhlau Verlag Köln, Weimar, Wien 2006, S. 883–897.

Erich Schneider, Balthasar Neumann als Bauingenieur. In: Enno Bünz, Martin Rehak, Katrin Schwarz (Hrsg.), Kirche, Glaube, Theologie in Franken. Festschrift für Wolfgang Weiß zum 65. Geburtstag (Quellen und Forschungen zur Geschichte des Bistums und Hochstifts Würzburg, Band 81), Würzburg 2022, S. 391–408.

Bernhard Schütz, Balthasar Neumann, Freiburg-Basel-Wien 1986.

Richard Sedlmaier und Rudolf Pfister, Die fürstbischöfliche Residenz in Würzburg, München 1923.

G. Stein, Balthasar Neumann und das Glasgebiet. In: Glastechnische Berichte, 41. Jg., 1968, S. 565–572.

Richard Teufel, Vierzehnheiligen, Berlin 1936 (2. Auflage Lichtenfels 1957).

Harmen Thies, Grundrißfiguren Balthasar Neumanns. Zum maßstäblich-geometrischen Rißaufbau der Schönbornkapelle und der Hofkirche in Würzburg, Florenz 1980.

Hans-Peter Trenschel, Die kirchlichen Werke des Würzburger Hofbildhauers Johann Peter Wagner (Veröffentlichungen der Gesellschaft für fränkische Geschichte VIII. Reihe, Quellen und Darstellungen zur Fränkischen Kunstgeschichte Band 4), Würzburg 1968.

Verzeichniß der Bücher, Kupferstiche und Handzeichnungen aus der Verlassenschaft des fürstl. Würzburg. Herrn Artillerie-Obersten und berühmten Architekten Franz Michael Ignaz von Neumann, welche zu Würzburg im Gasthofe zum Eichhorn den 18ten Junius und folgende Tage 1804, jedes Mahl Nachmittags von 2–6 Uhr öffentlich versteigert werden. Würzburg gedruckt bei den Gebrüdern Stahel.

Alexander Wiesneth, Gewölbekonstruktionen Balthasar Neumanns, Berlin 2011.

Ludwig Wamser (Bearb.), Jagdschlösser Balthasar Neumanns in den Schönbornlanden (Arbeitsheft 68. Bayerisches Landesamt für Denkmalpflege), München 1994.

Karl Wild, Die staatliche Organisation der Bistümer Würzburg und Bamberg, Heidelberg 1906.
J. Wille, Briefwechsel Balthasar Neumanns mit Kardinal Schönborn (1728–1730) nebst einer Denkschrift von 1746. In: Zeitschrift für Geschichte des Oberrheins. Neue Folge, Band XIV, 1899, S. 465–480.

BILDNACHWEIS

Abtei Münsterschwarzach: 128 (Julia Martin)
Akg-images: 31 (Florian Monheim / Bildarchiv Monheim GmbH), 35 (Bildarchiv Monheim)
alamy: 75
Bayerische Schlösserverwaltung: 24
Bayerisches Nationalmuseum (Inv.-Nr. Modell 18, Bastian Krack): 45
https://commons.wikimedia.org: 23 (public domain), 50 (public domain), 70 (Russavia, CC-BY-SA-2.0), 81 (HubiB, CC-BY-SA-3.0), 93 (public domain), 125 (public domain), 138 (Ermell, CC-BY-SA-4.0)
Institut für Kunstgeschichte Universität Würzburg: 99 (Sammlung Eckert 44)
Kunstbibliothek Berlin: 65 (Hdz. 4687), 87 (Hdz. 6050)
Museum für Franken – Staatliches Museum für Kunst- und Kulturgeschichte in Würzburg: 13 (Inv.-Nr. H 12228), 105 (SE 120), 111 (Lg. 43849), 126 (SE 349), 145 (SE 196)
Staatsbibliothek Bamberg: 119 (V Bd 1940.1, Foto: Gerald Raab)
stock.adobe.com: 59 (Firn), 67 (Mikhail Markovskiy), 74 (dina), 84 (sehbaer_nrw), 103 (Animaflora PicsStock), 143 (corellio)
Universitätsbibliothek Würzburg, Delin. II 146: 114

Umschlagmotive
vorne: Portrait des Balthasar Neumann. – Marcus Friedrich Kleinert (1694–1742), Öl auf Leinwand, 1727 (https://commons.wikimedia.org, public domain); *hinten:* Blick auf den Südflügel der Würzburger Residenz (Mikhail Markovskiy, stock.adobe.com)

Bibliografische Information der Deutschen Nationalbibliothek
Die Deutsche Nationalbibliothek verzeichnet diese Publikation in der Deutschen Nationalbibliografie; detaillierte bibliografische Daten sind im Internet über http://dnb.dnb.de abrufbar.

Gutenbergstraße 8 | 93051 Regensburg
Tel. 0941/920220 | verlag@pustet.de

ISBN 978-3-7917-3380-7
Reihen-/Umschlaggestaltung und Layout: www.martinveicht.de
Satz: Vollnhals Fotosatz, Neustadt a. d. Donau
Druck und Bindung: Friedrich Pustet, Regensburg
Printed in Germany 2023

eISBN 978-3-7917-6229-6 (epub)